Renate Schoof

Vergissmeinnicht und Gänseblümchen

Renate Schoof

Vergissmeinnicht und Gänseblümchen

Erlebte Geschichten

Butzon & Bercker

Bibliografische Information der Deutschen Nationalbibliothek

Die Deutsche Nationalbibliothek verzeichnet diese Publikation in der Deutschen Nationalbibliografie; detaillierte bibliografische Daten sind im Internet über http://dnb.d-nb.de abrufbar.

Das Gesamtprogramm von Butzon & Bercker finden Sie im Internet unter www.bube.de

ISBN 978-3-7666-2941-8

2. Auflage 2022

Umschlagabbildung: © S.H.exclusiv – stock.adobe.com (Blumen);
© Alexey Davlutas – stock.adobe.com (Hintergrund)
Umschlaggestaltung: Werner Dennesen, Weeze
Layout und Satz: SATZstudio Josef Pieper, Bedburg-Hau

Inhalt

Vorwort

Diese Mutmach-Geschichten erzählen von kleinen und großen Momenten, die der Lebensabschnitt 70 plus bereithält. In der Natur, bei einer Geburtstagsfeier, auf Reisen, in einem Labyrinth, im Seniorenstift oder am heimischen Küchentisch: Überall warten Wunder darauf, wahrgenommen zu werden.

Ein Wort, ein Gespräch, eine Beobachtung oder eine Melodie können zu einem Fahrstuhl in die Welt der Erinnerungen werden, vergessen Geglaubtes aufleben lassen.

Erinnerungen an gute, aber auch an schwere Zeiten bereichern und stärken. Einer Einundachtzigjährigen gelingt es, schwierige Kindheitserfahrungen anzunehmen und ihr inneres Kind liebevoll in die Arme zu schließen. Eine vor Jahrzehnten versandete Freundschaft erhält eine neue Chance; ein Zufall lässt zwei Frauen, deren Geburtstage mehr als vierzig Jahre auseinanderliegen, eine freundliche Beziehung beginnen; ein Protagonist gewinnt durch ein Telefongespräch eine Perspektive, durch die sein Lebensmut zurückkehrt.

Manchmal gilt es, zu sich zu finden oder zu lernen, Hilfe zuzulassen, und mit anderen, aber auch allein, Glück zu empfinden. Die Geschichten regen an, innere Schätze zu heben und sie mit anderen zu teilen, ihnen von den eigenen Erfahrungen und Erlebnissen zu erzählen oder sie aufzuschreiben.

Eine Lektüre für Menschen, die Freude an Geschichten haben, die Vertrauen ins eigene Schicksal und Geborgenheit vermitteln, ohne Herausforderungen zu verschweigen.

Geburtstag mit Schokoküssen

Während im Hintergrund leise Elvis Presley singt, zündet Johanna feierlich die Kerzen in dem von ihr eigens mitgebrachten hölzernen Doppelkranz an. Um sich nicht die Finger zu verbrennen, zuerst die fünf im inneren, dann die sieben im äußeren Kreis. Sie ist die älteste der drei Gäste, die Ruth nach mehr sechzig Jahren zu ihrem 75. Geburtstag eingeladen hat.

In der Mitte des liebevoll gedeckten Tischs steht eine Kuchenplatte mit Sahnestückchen, mit Windbeuteln, Schokorollen, Sahnelocken und anderen Köstlichkeiten, die an Geburtstage in den 1950er-Jahren erinnern, an Kindergeburtstage, denn es gibt auch Schokoküsse, Lakritzschnecken und Himbeerbonbons.

Ruth schenkt Johanna, Angelika und Sibylle Kaffee ein, ehe die drei sich lachend überwinden, zuzugreifen, und sich die kalorienlastigen Verführungen schmecken lassen. Recht schnell ist die alte Vertrautheit wieder da. Ruth fragt sich, ob sie sich nicht jetzt im Alter und nach so langer Zeit des sich Nichtgesehenhabens mehr verbunden fühlen als damals, als sie als Nachbarskinder regelmäßig miteinander spielten.

Als sei es ein Naturgesetz, wurde man in diesen Kreis hineingeboren. Schon ihre Mütter oder Väter waren in dieser Nachbarschaft aufgewachsen und kannten sich. Die Großelterngeneration hatte Mitte der zwanziger Jahre des vergangenen Jahrhunderts vor der Stadt um die größten Gärten zum Gemüse- und Kartoffelanbau gelost, auch um die Eckhäuser der in Viererblocks gebauten Einfamilienhäuser, denn die hatten einen – später als Garage genutzten – Anbau, in dem ein Schwein gehalten werden konnte. Nach den Hungerjahren im Ersten Weltkrieg und danach wussten die Siedler, dass Selbstversorgung überlebenswichtig sein konnte.

Die unbefestigte Straße, die Brombeer-Urwälder hinter den Gärten und die Ruinen zerbombter Häuser waren dann für die Kinder, die während oder nach dem Zweiten Weltkrieg geboren worden waren, Abenteuerspielplätze gewesen. Ruth und ihre Geburtstagsgäste hatten zu der Gruppe von Mädchen und Jungen gehört, die auf Bäume geklettert waren, Rollenspiele erfanden, die sich als Räuber und Gendarm gejagt hatten und „Fischer, Fischer wie tief ist das Wasser“ spielten. Manchmal prellten die Mädchen auf verschiedene, zum Teil artistische Art einen Ball gegen die Wand; „Probe“ nannten sie das. Später liefen sie auf der – inzwischen asphaltierten – Straße Rollschuh oder zogen Kreidestriche für Völkerball und Brennball. Eine gute und freie Kinderzeit hatten sie erleben dürfen.

„Deine Einladungskarte hing bei mir in der Küche an der Pinnwand“, erzählt Angelika. „Und jedes Mal, wenn ich sie anschaute, kamen mir Szenen von Geburtstagsfeiern von damals in den Sinn. Ich sah wieder vor mir, wie eine von uns mit verbundenen Augen beim Topfschlagen auf Knien durch die Stube kroch, geleitet von den Heiß-oder-Kalt-Rufen der anderen, die ihre Beine und Füße vor dem blind durch die Luft schlagenden Kochlöffel in Sicherheit brachten.“

Sibylle lacht. „Ich hatte ein anderes Bild vor mir“, sagt sie. „Ich sah Johanna mit einem rasch aufgesetzten Hut und übergestreiften Handschuhen mit Messer und Gabel an einer dick eingewickelten Schokoladentafel herumschneiden."

„Mit einem Schal um den Hals", ergänzt Angelika. „Reihum wurde gewürfelt. Und wenn jemand eine Sechs warf, musste die Verkleidung und die Hoffnung auf ein Stück Schokolade weitergegeben werden."

Lachend schwelgen Angelika und Sibylle in Erinnerungen, lassen Bilder aufsteigen vom Stoppessen mit roter, grüner und gelber Götterspeise, vom Pfänderverlosen, von der „Reise nach Jerusalem" mit Ruths Mutter am Klavier.

„Schokolade hatte für uns einen ganz anderen Wert als für Kinder heute", sagt Johanna, so als sei sie mit ihren Gedanken während der ganzen Zeit bei der eingewickelten Schokoladentafel geblieben. An Ruth gewandt, möchte sie wissen: „Wie hast du uns gefunden? Du kanntest doch nur unsere Mädchennamen, oder?"

„Als ich die Todesanzeige von Linda in der Zeitung las, bekam ich Sehnsucht, euch wiederzusehen", erklärt Ruth. „Darüber sprach ich mit meiner Mutter. Und sie kannte eure Ehenamen."

Linda war jünger gewesen, den Gästen weniger vertraut. Vielleicht wollen die anderen in diesem Moment nicht gern über das Sterben sprechen. So taucht schnell die Frage auf: „Deine wunderbare Mutter lebt noch?" Das interessiert alle, denn sie erinnern sich deutlich an Ruths Mutter mit dem großen Herzen für Kinder, die anders war als die eigenen Mütter. Sie hatte die Gabe gehabt, sich in die Bedürfnisse von Kindern einzufühlen, sie konnte trösten, klebte Pflaster auf blutende Knie. An heißen Tagen gab es Himbeersaft für alle.

„Deine Mutter konnte sich Zeit für uns nehmen", sagt Sibylle. „Meine Mutter hingegen kannte ich nur abgehetzt und gereizt. Neben der Arbeit in Haus und Garten half sie meinem Vater im Büro."

Johanna seufzt. „Und meine Mutter betreute ihre Mutter, meine kranke Großmutter, die im Krieg verschüttet gewesen war. Von den erlittenen Verletzungen hat sie sich nie erholt." Schwach erinnert sich Ruth an die verwirrte alte Frau im Rollstuhl.

Mit dem Satz: „Kinder zu bekommen und Kinder zu haben, war damals fast selbstverständlich“, gibt Angelika dem Gespräch eine etwas andere Wendung. „Wir und unsere kleinen und großen Geschwister wurden so nebenbei groß, waren auf uns gestellt – solange wir keinen Unfug machten, wurden wir in Ruhe gelassen. Mir hat das gutgetan.“

„Zur Überbehütung fehlte unseren Eltern zum Glück die Zeit“, meint Ruth. „Die Väter arbeiteten schwer und kamen spät heim. Und auch meine liebevolle Mutter hatte mit Haus- und Gartenarbeit alle Hände voll zu tun.“

Nachdenklich zitiert Sibylle ein nigerianisches Sprichwort: „‚Um ein Kind groß zu machen, braucht es ein ganzes Dorf.‘ So war es im Grunde auch bei uns. Die Mütter wussten uns im Umfeld der Nachbarschaft geschützt.“

„Man kann sich das heute kaum noch vorstellen“, ergänzt Ruth. „Es fuhren nur selten Autos durch unsere Straße. Und wären wir durch irgendeinen Anlass in Not geraten, hätten wir an fast jeder Haustür klingeln können, um uns Hilfe zu holen.“

Während alle sich noch ein zweites Stück Kuchen und einen Schokokuss gönnen, auch einem Gläschen Eierlikör nicht abgeneigt sind, tauchen neue Bilder aus der fernen Vergangenheit auf. „Erinnert ihr euch noch an den Milchwagen, der von einem Schimmel gezogen wurde?"

„Natürlich! Die Frauen kamen aus den Häusern, ließen sich mit dem Litermaß aus dem silbernen Tank in ihre Blechkannen Milch einfüllen."

„Und wenn Pferdeäpfel auf der Straße lagen, mussten wir sie rasch mit einer Schaufel in den Garten holen, als Mist für die Tomaten."

Sie sind sich einig: Keine von ihnen hatte je wieder solch aromatische Tomaten gegessen wie in den sonnigen Sommern der Kindheit – beim Abendessen auf Schwarzbrot, bestreut mit Schnittlauch ... Und es gab die alte Frau Ötchen, mit ihrem hölzernen Wagen voller in Eis eingebetteter Fischfilets, die mit einer Glocke ihre Kundinnen herbeirief. Und dann war da noch das kleine Äffchen, das der Sohn von Frau Klühn seiner alleinstehenden Mutter von einer seiner Seereisen mitgebracht hatte. „Wir durften nur zu zweit in die Stube, um das kleine Tier nicht zu erschrecken“, erinnert sich Angelika. „Es war am Tischbein angekettet, weil es in der Wohnung Unordnung und Schmutz gemacht hatte. Irgendwann kam es in den Zoo ...“

Johanna, die sich kaum für die Flut der Erinnerungsbilder zu interessieren scheint, sagt unvermittelt: „In der Pubertät hätte ich mir allerdings mehr Anonymität oder Privatsphäre gewünscht“, und präzisiert: „Wenn ich von meinem Tanzstundenpartner nach Hause gebracht wurde, bewegten sich überall die Gardinen. Nachbarn standen dahinter, um zu schauten, was sich da in der sonst so ruhigen Straße tat.“

Plötzlich erinnert sich Angelika an die letzte gemeinsame Geburtstagsfeier. Wahrscheinlich wurde Johanna damals dreizehn oder vierzehn Jahre alt. Es gab kein Topfschlagen, überhaupt keine Kinderbelustigungen mehr, stattdessen hatten Johanna und Sibylle vor dem Plattenspieler gesessen und Elvis-Platten gehört. Die jüngeren Mädchen, zu denen auch sie, ihre kleine

Schwester und Ruth gehört hatten, langweilten sich – der Altersunterschied war deutlich geworden. Fortan lud jede lieber Schulfreundinnen statt den Mädchen aus der Nachbarschaft ein. Ein Lebensabschnitt war zu Ende gegangen.

Ihr wird klar, dass es kein Zufall ist, dass Elvis Presley schon eine ganze Stunde lang im Hintergrund sehr leise „That's all right, Mama", „Love me tender" und andere Ohrwürmer aus jener Zeit singt. Weil sie nach all den Jahren wieder ihre Nähe zu Ruth spürt, wird ihr ganz warm und sie stimmt gern zu, als Ruth ihre Gäste bittet, sie mögen doch zum Abendbrot bleiben, der „Hawaiitoast" sei schon vorbereitet.

Mit dem Fernsehkoch Clemens Wilmenrod, mit Adalbert Dickhuts Kinderturnen und Robert Lembkes heiterem Beruferaten geht es in die nächste Runde der Kindheitserinnerungen. Dazu gehören auch Joey und sein schwarzer Hengst Fury, Corky der Zirkusjunge und Jeff und seine Collie-Hündin Lassie.

Angelika hatte nur an den Wochenenden und in den Ferien bei den Großeltern ferngesehen und auch Ruth und Johanna hatten bloß mal hier und mal dort die Gelegenheit dazu gehabt, allein Sibylles Familie hatte schon damals einen eigenen Apparat besessen. Doch alle vier erinnern sich noch an den Start des ZDF im Frühjahr 1963 und daran, wie klein die Bildschirme damals waren. Mit Sibylles Bericht von dem wandgroßen Bildschirm in der Wohnung des Sohnes kommen Ruth und ihre Gäste in der Gegenwart an. Das Thema Kinder und Enkel ist unerschöpflich.

Als sich die Feier dem Ende zuneigt, kommen die Frauen noch einmal auf Kindergeburtstage zurück. Die drei Großmütter unter ihnen überlegen, ob sie die jüngeren Enkel nicht mal mit einem Geburtstag wie vor 65 Jahren überraschen sollten, mit Topfschlagen, Stoppessen und der „Reise nach Jerusalem".

Die Frau mit dem kleinen weißen Hund

Im Kurpark blühen die Rhododendren, große alte Büsche mit lachsroten, dottergelben, cremeweißen, hell- und dunkelvioletten Blüten. An einem sonnigen Spätnachmittag im Mai lässt Lea sich auf dem Heimweg vom Büro viel Zeit. Mit weit geöffneten Sinnen tritt sie ganz nah heran an die Überfülle, atmet Farbenpracht und Frühlingsduft tief in sich ein.

Der Park ist ihre Glücksoase. Bei gutem Wetter setzt sie sich oft auf eine der vielen Bänke. Abseits des Hauptweges hat sie einen Lieblingsplatz unter einem Baum mit blauen Blüten. Wenn sie dort ein Eichhörnchen beobachtet oder die Augen schließt und auf Vogelstimmen horcht, fallen Alltag und Berufsstress von ihr ab. Sie kann umschalten, wird wieder sie selbst. Manchmal liest sie auch in einem Buch, dafür hat sie immer eins dabei, ein schmales, leichtes Bändchen.

An diesem Tag sitzt auf „ihrer“ Bank die ältere Dame, die sie „die Frau mit dem kleinen weißen Hund“ getauft hat. Sie sind sich schon so oft im Park begegnet, dass sie irgendwann begonnen haben, sich zuzunicken, sich zu grüßen, sich einen guten Tag zu wünschen. Der Hund geht immer brav, sogar etwas schüchtern, an der Leine. Das gefällt Lea, weil sie mit Hunden nicht nur gute Erfahrungen gemacht hat.

Nun schaut die Frau ihr erwartungsvoll entgegen. Offenbar freut sie sich über Gesellschaft, und Lea ist in der Stimmung, darauf einzugehen, setzt sich mit einem freundlichen „So ein schöner Tag!“ dazu.

Das Köpfchen schief gelegt und eher zaghaft die Schwanzspitze bewegend, scheint ihr der Hund zu signalisieren: Ich bin ein ganz Lieber, du kannst mich ruhig streicheln. So kostet es Lea keine Überwindung, den kleinen Kerl hinter den Ohren zu kraulen. Sein weißes Fell fühlt sich weich, warm und sauber an, fast wie frisch gewaschen. Ungern erinnert sie sich an den Brechreiz, den ihr der Geruch des regennassen Fells des Riesenschnauzers einer Freundin verursachte, als sie nach einem Spaziergang im Auto miteinander heimfuhren. Auch zwischen dem bissigen Schäferhund der Nachbarn, vor dem sie sich als Kind gefürchtet hat, und diesem Tierchen liegen Welten.

„Rocco mag Sie“, sagt die ältere Dame und erzählt: „Sein Frauchen arbeitet als Stewardess. Und ich sorge gern für den kleinen Kerl. Mit ihm kann ich mich fast so gut unterhalten wie mit einem Menschen. Er versteht einfach alles.“

Das Alter ihrer Banknachbarin zu schätzen, fällt Lea schwer. Aber sicherlich hat sie das achtzigste Lebensjahr längst vollendet. Im Vorübergehen hatte sie jünger gewirkt, wohl weil sie sich sportlich kleidet und auf ihre Art jung geblieben ist. Doch es ist zu ahnen, wie einsam sie ohne den Hund wäre.

Lea tut es gut, den Hund zu kraulen. Das scheint die alte Dame zu bemerken. „Ich habe neulich einen Artikel über Therapiehunde gelesen“, sagt sie. „Darin fand ich bestätigt, was ich im Grunde längst wusste: Tiere sind in der Lage, das psychische Gleichgewicht von Menschen zu stabilisieren.“ Als sie merkt, dass Lea aufmerksam zuhört, fährt sie fort: „Das gilt für Hunde in Schulklassen ebenso wie für Hunde in

Altersheimen. Es funktioniert eigentlich überall."

„Das erlebe ich auch", bestätigt Lea. „In der Familie meines Bruders gibt es eine Menge Konfliktpotenzial. Tochter und Sohn sind in der Pubertät, meine Schwägerin agiert oft recht dominant und mein Bruder ist unzufrieden in seinem Beruf, da bringt er oft Aggressionen mit an den Abendbrottisch. Manchmal sitze ich dabei und höre es förmlich knistern." Sie lacht und erzählt: „Dann setzt sich Lilly, die Golden-Retriever-Hündin, zunächst neben meinen Bruder. Und der wird, während er das freundliche Tier streichelt, selber freundlicher, geradezu aufgehellt, so als wenn der Hund negative Energien neutralisiert. Lilly geht zielsicher immer zum Familienmitglied mit der schlechtesten Laune und lässt sich kraulen. Seit es Lilly gibt, ist die Stimmung in der Familie spürbar friedlicher geworden."

Eine Weile genießen die beiden schweigend den warmen Frühlingsabend. Wenn Lea an die Familie ihres Bruders denkt, ist sie jedes Mal froh über ihre Entscheidung, kinderlos geblieben zu sein. Mit ihrem Liebsten verbindet sie eine Fernbeziehung. Das hat sich so ergeben, als er eine gute Arbeitsstelle vierhundert Kilometer weit entfernt fand. Nun mögen sie beide ihre Unabhängigkeit, treffen sich meist an den Wochenenden, mal hier, mal dort, verbringen freie Tage und Ferien miteinander. Und sie kann jetzt entspannt im Abendsonnenschein sitzen und ein wenig plaudern. Niemand wartet auf sie.

Anknüpfend an das Gespräch über Hunde, offenbart die alte Dame: „Mit Rocco habe ich einen Grund, das Haus zu verlassen und in den Park zu gehen. Er gibt mir ein Alibi, zu jeder Tageszeit und bei jedem Wetter draußen herumzulaufen. Das brauche ich, wann immer mir in meiner kleinen Wohnung die Decke auf den Kopf fällt."

„Sie haben niemanden, der Ihnen nahesteht?", fragt Lea vorsichtig.

Zögernd beginnt die alte Frau: „Na ja, ich habe einen Sohn und Enkelkinder. Aber seit er geschieden ist und die beiden Enkelinnen in anderen Städten studieren, sehe ich sie viel zu selten." Mit einem Lächeln fügt sie hinzu: „Für die Mädchen habe ich lange Zeit gesorgt, weil meine Schwiegertochter ganztags berufstätig war." Sie schaut Lea an, fragt unvermittelt: „Mögen Sie Annemarie zu mir sagen?"

Lea ist überrascht und muss einen Augenblick nachdenken: Annemarie hat recht, irgendwie fühlt sich unser Gespräch vertraut an, da können wir uns beim Vornamen nennen, auch wenn unsere Geburtstage mehr als vierzig Jahre auseinanderliegen. „Natürlich gern", sagt Lea und nennt auch ihren Namen.

Für eine glückliche Kindheit ist es nie zu spät

„Und jetzt zum Meer!“, schlägt Martina vor. Als wolle sie das kommentieren, gähnt Ursula hinter vorgehaltener Hand. Auch Frauke, Doreen und Horst sind nach dem ereignisreichen Tag und dem ungewohnt späten Abendessen zu müde, um begeistert zuzustimmen. Lieber würden sie am Waldrand entlang auf dem kürzesten Weg zum Tagungshaus zurückkehren, um dort ihre Zimmer aufzusuchen und zu Bett zu gehen.

Aber als die fünf endlich vor der Tür der kleinen Gaststätte, in der sie zu Abend gegessen haben, stehen, bläst der frische Wind mit seinem Geruch nach Salz, Tang und Meer die Müdigkeit von den Gesichtern und niemand erhebt mehr Einspruch gegen den von Martina vorgeschlagenen Umweg. Vor dem leichten Regen durch einen Anorak oder Regenmantel geschützt, wandern sie mit hochgeschlagenen Kapuzen im Gänsemarsch auf der von wenigen Laternen notdürftig erleuchteten Landstraße in Richtung Strand.

Wie dunkel es ist. Doch anders als in den Städten, aus denen sie gestern angereist waren, hat diese Dunkelheit nichts Bedrohliches, sie ist natürlich, fast archaisch. Zwischen Wiesen, Wald und Heide und nah der endlosen Wasserfläche gibt es kaum Lichtverschmutzung.

Jenseits des Deiches umfängt sie noch tiefere Dunkelheit. Nirgends ein Licht, kein Mond, keine Sterne, nur diffuse Schwärze. Daran müssen sich die Augen gewöhnen, auch die Füße, die vorsichtig Schritt für Schritt im Sand vorwärtstappen. Das Brechen der Wellen am Strand, ihr glucksendes Auflaufen und das zischelnde Zurückweichen zwischen kleinen Steinen und Muschelresten im Sand. Dann wieder das Sich-Überschlagen großer Brecher.

Das Rauschen des Meeres erscheint in der Dunkelheit doppelt laut, lauter als am Tage, zugleich gibt es Orientierung. Langsam geht die kleine Gruppe am Flutsaum entlang.

Leben, denkt Ursula. Das ist Leben: die Ohren gefüllt mit dem Tosen, das Wind und Wellen erzeugen, die Augen trotz aller

Anstrengung fast blind, die Sinne konzentriert auf jeden im Sand spürbaren Schritt. Und die Gedanken leicht und froh im Jetzt. Jetzt, jetzt.

Unvermittelt legt sich eine Hand seitlich an ihre Taille. Sie hat Doreen nicht kommen gehört, spürt aber genau, dass sie es ist. Auf einmal fühlt sie sich sicherer, wird geführt von einer, die jünger ist als sie, die vielleicht besser sehen kann, die sicherer auf ihren Füßen geht und steht. Und da ist kein Impuls – wie sonst so oft –, Nähe und Hilfe geradezu instinktiv abzuwehren.

Ob Doreen von ihrer Gangunsicherheit weiß? Ist das zu sehen? Zu bemerken? Erwähnt hat Ursula diese leichte altersbedingte Behinderung nicht. Es war während der Vorstellungsrunde in der altersgemischten Gruppe von zwölf Personen um anderes gegangen. Immerhin wissen alle, dass sie die Älteste ist in dem Kurs „Für eine glückliche Kindheit ist es nie zu spät".

Ursula schaltet ihre Gedanken wieder ab, fühlt sich auf gute Art gehalten. Und als sie nach einer halben Stunde durch das offene Fluttor des Deiches wieder auf die Straße gelangen, lösen sie sich voneinander, lachen sich zu. Es gibt wieder Laternen und damit Sichtbarkeit.

Die kleine Wanderung hat allen gutgetan. Leise hallen die Gutenachtwünsche durch den Eingangsbereich des Tagungshauses. Dann ist Ursula allein in dem sparsam, aber schön eingerichteten Einzelzimmer, und wenig später liegt sie auf angenehme Art müde im Bett.

Als hätte Doreens Hand einen Abdruck hinterlassen, spürt sie die Berührung, während die Bilder des langen Tages an ihr vorüberziehen. Da ist Alma, die alle ermutigt hatte, für das lange Wochenende ihre „Erwachsenen-Gedanken“ hinter sich zu lassen, um dem inneren Kind Spielraum zu geben, sich im Jetzt zu entfalten. Die Gesichter von Frauke, Horst und Martina tauchen auf, die sich im Laufe des Tages entspannt hatten, offener geworden waren.

Und sie? Fast wie ein Reh ist sie an diesem Tag durch den Wald gesprungen. Sie war für eine Stunde das Kind gewesen, das sie in ihrer Kindheit zu selten sein konnte und durfte. Alles Erwachsensein war von ihr abgefallen. Die Sorge, eine Zecke könnte sich an ihr festbeißen, sie mit Borreliose infizieren, die Angst, sich den Fuß zu verstauchen oder gar zu brechen, und andere in ihrem alltäglichen Leben allzu berechtigte Ängste hatte sie mit Schwung hinter sich gelassen, den Wald als Schutzhülle angenommen, ihren Traum vom Kindsein gelebt, mit jeder Faser gespürt, wie gut es tut, sorglos zu sein.

Als älteste Schwester hatte sie als Kind viel zu früh vernünftig sein müssen, nicht nur für sich selbst, sondern für ihre kleine Schwester und den geistig nicht ganz gesunden Bruder gleich mit, vielleicht sogar für ihre junge Mutter, die ihr gedankenlos vieles aufgebürdet hatte, für das ein Kind zu jung war. Spätestens als sie das Buch „Das Drama des begabten Kindes“ von Alice Miller las, war ihr das klar geworden. Lebenslang hatte sie ihre Daseinsberechtigung aus dem Für-andere-da-Sein geschöpft, sich hilfsbereit Probleme anderer aufgeladen.

Daran will sie nicht denken. Eingekuschelt in die Bettdecke, will sie sich an dem Kind in sich freuen, das leicht und froh durch den Wald gesprungen ist. Eine Aufgabe für jede der drei Vierergruppen war es gewesen, eine Waldhütte zu bauen. Als das Bauwerk ihrer Gruppe schon Form annahm, hatte sie gemeinsam mit Frauke in einem entfernten Waldstück genau die Äste gefunden, die sie brauchten. Und weil es ein zeitliches Limit für die Fertigstellung gab, musste alles recht schnell gehen. Sogar Ehrgeiz, ein Gefühl, das ihr sonst fremd war, hatte sie gespürt. Die schönste Hütte sollte es werden, aus ganz besonderen Ästen und Zweigen, aus Baumborke, Moos und Farnkraut. Auch groß genug musste sie sein, damit die vier Hüttenbauerinnen darin Platz fanden.

Vergessen war für Minuten, wenn nicht für Stunden, ihr Alter gewesen. Freude hatte sie erfüllt, grenzenlose Spielfreude und das Glück, im Wald zu sein. Es duftete nach Kiefernharz, nach Moos, nach modriger Feuchtigkeit, der Wind ließ Blätter und Kiefernnadeln rauschen.

Kurz bevor die Laubhütten „bewohnbar“ wurden, hatte Regen eingesetzt, ein sanfter, freundlicher Landregen. Auch das war in Ordnung gewesen. Der Wald brauchte ihn nach dem trockenen Sommer. Und sie hatte die Augen geschlossen und ihr zum Himmel erhobenes Gesicht nass regnen lassen. Mit dem Gedanken, wie gut es sich anfühlt, Kind zu sein, gleitet Ursula in den Schlaf.

In der Nacht wacht sie kurz nach zwei Uhr auf, muss sich in der fremden Umgebung orientieren. Und nach dem Gang zur Toilette kann sie nicht sofort wieder einschlafen, erinnert sich undeutlich an ihren Traum, in dem ein furchtbares Gefühl von Fremdheit sie von anderen Menschen trennte. Ein schmerzhaftes Gefühl von Unzugehörigkeit wirkt in ihr nach.

Während sie Bilder und Gedanken abwehren möchte, um weiterzuschlafen, steigen vergessen geglaubte Erinnerungen in ihr auf. Als im Oktober 1943 der Stadtteil, in dem sie mit ihrer Mutter und der jüngeren Schwester lebte, bei einem Bombenangriff fast völlig zerstört wurde, evakuierte man die kleine Familie nach Bayern. Sie war damals vier Jahre alt gewesen, der Vater kämpfte irgendwo an der Front.

Vermutlich war ihre Mutter, die immer in der Stadt gelebt hatte und sich gern chic kleidete – dazu noch evangelisch im katholischen Umfeld war –, nicht sehr begabt darin gewesen, sich in die Dorfgemeinschaft einzufügen. Der Dialekt schaffte zusätzliche Verständigungsprobleme.

Und die Bauern des kleinen Dorfes hatten nur ungern Wohnraum und Lebensmittel abgegeben, waren oft feindselig gewesen. Sie wuchs dort als eine Fremde auf. Die anderen Kinder hatten jeden ihrer schüchternen Versuche nach Gemeinsamkeit abgewiesen, sie war außerhalb geblieben. So wie in dem Traum.

Selbst nach ihrer Einschulung hatte sich daran wenig geändert. Wie gern wäre sie beim sonntäglichen Ziehen des Seils zum Glockenläuten dabei gewesen! Die Bauernkinder machten sich einen Spaß daraus, sich ans Seil zu hängen und mitzuschwingen.

Als sie sich schließlich doch mit der ebenso wie sie abseits stehenden Reinhild anfreundete, beendete der Umzug in die Stadt, die der Vater nach Krieg und Gefangenschaft für einen Neuanfang ausgesucht hatte, auch diese kurze Nähe.

Nun weint sie mit dem kleinen Mädchen von damals, erinnert sich plötzlich an eine gepresste Glockenblume, die Reinhild ihr zum Abschied geschenkt hatte. „Du musst sie in ein Buch legen. Und wenn du es dort aufschlägst, denken wir aneinander.“ Wie lange hatte sie nicht an Reinhild gedacht.

Hatte sie denn damals nie gespielt? Wenn sie nicht Schwester und Bruder hüten musste, hatte sie sich weggeträumt. Und als sie lesen konnte, hatte sie jedes Buch, das sie sich irgendwie beschaffen konnte, verschlungen, unendlich hungrig nach etwas Unaussprechlichem.

Sie wischt sich die Tränen ab. Es ist nie zu spät, die eigene Kindheit zu reparieren, das innere Kind in den Arm zu nehmen und zu heilen. Dankbar spürt sie zu der Stelle hin, an der Doreen sie gestützt hat. Ein Zeichen: Ich sehe dich. Ein winziger Freundschaftsbeweis. Dankbar dafür, noch wie ein Reh durch den Wald springen zu können, freut sie sich auf den kommenden Tag.

Süßer Käse und Zwiebelsuppe

Irene wartet geduldig am Käsestand. Gestützt auf ihren Stock, kann sie gut warten, schaut um sich und beobachtet die Menschen in dem kleinen Supermarkt.

Als die Verkäuferin dem Herrn, der gerade bedient wird, karamellisierten Käse aus Norwegen als besondere Delikatesse anbietet, muss sie sich zurückhalten, um ihn nicht vor dem Kauf des Käses zu warnen. Allzu deutlich steigt eine sehr alte Erinnerung in ihr auf. Einen Moment meint sie sogar, einen winzigen Brechreiz zu spüren. Der angepriesene braune Käse macht einen längst vergessenen Abend plötzlich wieder gegenwärtig.

Dann ist sie an der Reihe. Für einen Moment muss sie sich besinnen, um in die Gegenwart zurückzukehren, dann kauft sie jungen Gouda. Ihr Mann lacht darüber, dass sie am liebsten Käse oder Fisch isst, der nach nichts riecht und nach wenig schmeckt, wie er sich ausrückt. Er mag Harzer Käse und französische Käsespezialitäten oder Fischsorten, die ihren Geruchssinn strapazieren und die sie niemals essen würde.

Wahrscheinlich kann er trotz all der gemeinsam durchlebten Jahre nicht begreifen, dass ihre Geschmacksnerven ebenso fein ausgebildet sind wie ihr Erinnerungsvermögen. Darüber denkt sie auf dem Heimweg nach. Über ihren Kindergeschmack, wie er es nennt.

Während sie langsam durch die Straßen geht, kommen die inneren Bilder wieder, die die Erwähnung von karamellisiertem norwegischem Käse in ihr wachgerufen hat. Wie vor fünfzig Jahren sitzen sie zu dritt am Tisch, vor sich das Fenster der Wohngemeinschaftsküche im vierten Stock eines Altbaus, die zugleich als Badezimmer in der Drei-Personen-WG dient, mit Duschkabine und Waschbecken.

Herbert hat ein großes Stück Käse von seinem Skandinavien-Urlaub mitgebracht. Er habe es unglaublich preiswert kurz vor der Abreise in einem Supermarkt erstanden, berichtet er. Der recht große braune Brocken war wohl als Mitbringsel für das gemeinsame Abendbrot und zur Entlastung der ewig klammen Haushaltskasse gedacht.

Volkmar, der dritte im Bunde und Student der Musik im siebten Semester, lässt sie in aller Ruhe und ohne Vorwarnung den Käse probieren, bevor er ein eigenes Erlebnis mit karamellisiertem Käse zum Besten gibt. Nur mühsam gelingt es ihr damals, ein paar Bissen von dem ungewohnten Molkereiprodukt zu sich zu nehmen. Obwohl sie in ihrer Kindheit gern auch mal Gouda mit Erdbeermarmelade gegessen hat, findet sie die Mischung aus käsig, süß-karamellig und salzig ungenießbar.

Sie sieht Volkmar vor sich, hört im Innern seine Stimme, wie er erzählt, dass er und ein Freund sich vor Jahren während einer Fahrradwanderung durch Schweden von ihrem buchstäblich letzten Geld so einen Käse gekauft hatten, weil sie dachten, er sei sättigend und würde sie an den letzten drei Tagen, die sie ohne Geld auskommen mussten, vor allzu großem Hunger bewahren. Volkmar schloss seinen Bericht mit der Bitte, von dem Käse nichts essen zu müssen. Irene erinnert sich nicht genau, aber wahrscheinlich hat der gutmütige und sparsame Herbert dann viele Abende lang den Urlaubskäse allein aufgegessen.

Wie lange hat sie nicht mehr an die beiden gedacht. An diese besondere Zeit ihres Volontariats in einem großen Verlag, an ihre ersten eigenen Artikel. An den Jazzkeller, in den Volkmar sie mitgenommen hat. Sie war dort eine der wenigen gewesen, die tanzte, was bei Modern Jazz nicht üblich war. Wenn er auf der Posaune zur vorgegebenen Melodie improvisierte, war sie im Halbdunkel stehen geblieben, um seine Stimme in den Tönen zu hören, ihn wenigstens ein bisschen zu verstehen. Gewiss hatte sie sein Spiel überinterpretiert, ihm war es nur um interessante Tonfolgen, um das Miteinanderspiel in der Gruppe, letztendlich um etwas Unsagbares oder auch nur um originelle Musik gegangen.

Vielleicht ist sie Journalistin geworden, um Künstler fragen zu können: Was wollen Sie ausdrücken mit dem, was Sie tun? Doch ebenso wie Volkmar wussten die meisten Musiker es gar nicht, wollten es gar nicht wissen. Jeder durfte heraushören, was er heraushören wollte: Trauer, Verlorenheit oder Freude, Übermut, sogar eine Liebeserklärung an wen auch immer oder an das Leben.

Auch in Konzerte des Uni-Orchesters hatte sie Volkmar begleitet. Er war ein gefragter Blechbläser gewesen mit seiner Posaune. Und der riesige Topf Zwiebelsuppe fällt ihr wieder ein, den sie zu seinem Geburtstag gekocht hatten. In Suppentassen serviert, auf denen eine runde Scheibe Toast – überbacken mit Käse – schwamm. Das war damals in Mode und erschwinglich war es auch gewesen, wenn es galt, einen großen Freundeskreis zu beköstigen.

Seltsam, wie plastisch sich diese Zeit in ihr bewahrt hat, denkt sie, als sie die Wohnungstür aufschließt. Sie sieht noch einmal die Gesichter ihrer damaligen Mitbewohner vor sich und den Blick aus dem Fenster im vierten Stock in den Himmel über einem Mietshaushinterhof in einem Arbeiterviertel – inzwischen wohl längst saniert und aufgehübscht.

Sogar die kleinen Geheimnisse, die sie einander anvertraut hatten, huschen ihr durch den Kopf. Wie die jüngere Schwester der beiden Studenten hatte sie sich gefühlt. Übermütig nimmt sie sich vor, im Internet Aussschau nach den beiden zu halten. Sie würde sie wirklich gern einmal wiedersehen.

… wo das Glück beginnt

Der Saal des Kulturzentrums, den Amrei von Konzerten kennt, ist im Spiel der farbigen Disco-Scheinwerfer über der großen Tanzfläche kaum wiederzuerkennen. Sie sitzt mit ihrem Mann Theo an einem der Tische, die seitlich davon aufgestellt sind. Ein angenehmer Platz, um Tanzende zu beobachten.

Gut gelaunt schaut sie Tochter Silvia und Schwiegersohn Jens zu, die sich alterslos leicht und sicher zum Rhythmus des Reggae-Songs „You can get it, if you really want“ bewegen. Während ihre Augen die beiden liebevoll begleiten, versucht sie, Zeilen des Refrains zu übersetzen. Heißt es: „Du kannst es bekommen, wenn du es dir wirklich wünscht“? Oder eher: „Was du dir so richtig wünschst, wirst du erhalten“? Egal wie, in gewissem Sinne entspricht das ihrer Lebenserfahrung. Und nun vom Kopf in die Füße, wie Silvia ihr oft lachend rät. „Du grübelst zu viel, Mutti“, sagt sie dann, „lass mal locker!“ Na ja, denkt Amrei, ich wippe doch schon mit dem Fuß, genau wie mein Eheliebster. Die Musik animiert dazu, macht es schwer, still zu sitzen. Ein bisschen zu laut für ihren Geschmack ist es schon, lässt keine Gelegenheit für Gespräche.

So richtig loslassen kann Amrei, als ihre Nichte Roxana in der Rolle des Diskjockeys „Tanze mit mir in den Morgen“ auflegt. Der alte Schlager vertreibt viele der Ü50-, ja selbst Ü60-Tänzerinnen und -Tänzer von der Tanzfläche. Nun schlägt die Stunde der Ü70-Eltern, der Ü80-Großeltern, von denen einige früher wohl tatsächlich mal zu Gerhard Wendlands balzender Stimme ins Glück getanzt waren. Auch ein paar Tangobegeisterte unter den Jüngeren lassen sich nicht abschrecken und zeigen ihr Können.

Mit Theo zu tanzen, macht Amrei Spaß. Jahrzehntelang konnten sie üben, sich aufeinander einstellen, ergänzten sich eigentlich immer schon gut, egal, ob ein Tango- oder ein Foxtrott-Rhythmus gespielt wurde. Nicht nur die Füße, alles an ihnen bewegt sich in Harmonie.

„Du lässt dich leicht führen“, hatte Theo gesagt, als sie sich beim Tanzen kennenlernten. Damals war das ein Kompliment gewesen. Silvia dagegen hatte später in einer Volkstanzgruppe oft den männlichen Part übernommen, weil sie groß war, es zu wenige Jungs in der Gruppe gab – und weil sie besser führen konnte, als sich anzupassen.

Eine Vorkämpferin sei sie, keine Mitläuferin, hatte Theo seiner Tochter während der Pubertät in einer der vielen, nicht selten politisch motivierten Auseinandersetzungen vorgeworfen. Amrei hatte sich aus den Meinungsverschiedenheiten herausgehalten. Sie ist froh, dass Jens seine Silvi so liebt, wie sie ist: kämpferisch und selbstbewusst. Beim Tanzen bewegen die beiden sich mal mehr, mal weniger unabhängig voneinander. Jeder macht sein Ding, im Leben und beim Tanzen. Hauptsache, sie sind glücklich miteinander, denkt Amrei.

Mit einem kleinen Lachen gibt sie zu, wie schwer sie sich daran gewöhnen kann, dass ihre kleine Silvi nun schon bald ins Rentenalter kommt. Kinderbilder von ihr sind im Kopf noch so präsent, erscheinen ihr ab und an in nächtlichen Träumen.

Wie bestellt, versetzt Fred Bertelsmanns Schlager vom lachenden Vagabund Amrei in die Zeit der Schwangerschaft mit der Tochter. Den gleichnamigen Film hatte sie damals mit Theo im Kino gesehen und albern gefunden. Doch wenn das Lied aus dem Radio ihre Hausarbeit begleitete, hatte es sie beim Kochen, Putzen oder Bügeln ein bisschen nach Capri, nach Jugoslawien oder sonst wohin in eine lockende Ferne entführt.

Im Hier und Jetzt schwenkt Theo sie so flott im Foxtrott-Schritt durch den Raum, dass sie die Gedanken loslassen kann. Ihr Mann animiert sie zu Drehungen, dreht sich mit ihr, lacht mit ihr. Minutenlang ist da nur sprudelnde Freude zwischen ihnen und in ihr.

In den aufkeimenden Übermut bricht eine sanfte Frauenstimme ein: „Frag den Abendwind, wo das Glück beginnt, aber frag ihn nicht, woran es manchmal zerbricht." Es tut gut, bei der Schmusemusik etwas herunterzuschalten.

Doch das Chanson weckt neue Erinnerungen. Es hatte sie durch einen schwierigen Lebensabschnitt begleitet. Nicht einmal Theo weiß von der Ehekrise, die sie damals hatten, da ist sie recht sicher. Sie beide waren an der Grenze ihrer Belastbarkeit gewesen. Und dass Theo beruflich so oft außer Haus war, hatte sie einsam gemacht. Einsam und eifersüchtig.

Zum Geburtstag hatte ihr jemand die Platte von Françoise Hardy geschenkt. Das Lied hatte sie an langen einsamen Abenden gehört, immer wieder, hatte es leise vor sich hingesungen, voller Angst, Theos Liebe zu verlieren oder selbst aufzuhören, ihn zu lieben. Was schlimmer gewesen wäre, hatte sie nicht gewusst. Wegen der Kinder hatte sie die Möglichkeit, sich von Theo zu trennen, nie ernsthaft in Betracht gezogen, eine Aussprache vermieden, aus Furcht vor einer Wahrheit, die sie nicht hätte ertragen können. Erst als Silvia und Niko die Schule besuchten und sie wieder arbeiten konnte, als die Halbtagsarbeit im Fotolabor ihr ein eigenes Einkommen und neue Selbstsicherheit gab, wurde es besser.

Ob sie darüber mit Theo sprechen sollte? Nach so vielen Jahren? Will sie überhaupt wissen, ob es damals wirklich Anlass zur Eifersucht gab? „Manchmal werden Sterne blind, nur wenn ein junger Tag beginnt", singt sie leise mit. Theo schaut sie verwundert an. Amrei lächelt nur. Nein, sie wird ihm nichts von der Krise erzählen, die vielleicht nötig war, damit sie an seiner Seite eine selbständige Frau bleiben konnte, oder besser: nach der Geburt der beiden Kinder wieder werden konnte.

Melodien folgen, die sie weniger erschüttern. Der Beatles-Song „Penny Lane" ermutigt Theo dazu, sich mit ihr im Rhythmus tanzend fast grotesk fortzubewegen. Sie kennt sein Talent zu Clownerien und kann bei dieser Art Spaßtanz mithalten, bis sie beide, von Lachen geschüttelt, stehen bleiben. Außer Atem und ein wenig schwitzend, gönnen sie sich bei „We can work it out" – dem nächsten Song – eine verdiente Pause.

Während sie zu ihren Plätzen gehen, füllt sich die Tanzfläche mit jüngeren Paaren. Und wieder wandern Amreis Augen zu Silvia und Jens. Bei ihnen gibt es, wie wohl bei vielen Paaren, Momente, in denen es mehr oder weniger heftig kracht. Allerdings reden sie darüber, miteinander und mit anderen, was die Sache nicht immer besser macht. Ihre Tochter erzählt ihr manchmal davon. Und sie bemüht sich dann, eine gute Zuhörerin zu sein, sagt wenig, weiß, wie unnachgiebig ihre Tochter sein kann – und Jens wohl auch. We can work it out. Das würden die beiden sicherlich unterschreiben. Sie versteht den Text so: Wir können daran arbeiten. Ich sage dir meine Sicht, du sagst mir die deine – und erst die Zeit wird zeigen, wer Recht hat.

Schön, wenn das Rezept helfen würde. Paarbeziehungen sind kein Ponyhof, ein Spruch von Roxana, die als Familientherapeutin und Eheberaterin arbeitet. Amrei genießt es, sich ab und an mit ihrer Nichte auszutauschen. Sie beide wissen: Früher wurden Probleme in Beziehungen meist unter den Teppich gekehrt. Frauen waren zu lange in einer rechtlosen Situation gewesen, da hatten sie gelernt, ihren Unmut hinunterzuschlucken.

Nicht grübeln, ermahnt sie sich. Doch an Roxana zu denken, tut ihr gut. Das Disco-

Format „Rock gegen Rheuma“ hat sie von einem Ausflug zu ihrem alten Studienort mitgebracht. Unter dem prosaischeren Namen „Mehrgenerationen-Disco“ findet das Tanzvergnügen nun an jedem ersten Samstag im Monat im Saal des Kulturzentrums statt. Und jedes Mal, wenn Theo und sie teilnehmen, ist es voll.

Irgendwann kehrt sie mit ihrem Mann auf die Tanzfläche zurück. Nach dem zweiten Glas Wein fällt es ihr leicht, sich nur noch von der Musik tragen zu lassen. Gerade heizt Tina Turners „Simply the best“ den Tänzern ein. Erstaunlich, wie lange Theo durchhält. Ihr zuliebe? Nein, er scheint selbst Freude am Tanzen zu haben, durchquert mit ihr schwungvoll den Saal. In den winzigen Pausen zwischen zwei Titeln wischt er sich mit einem Taschentuch den Schweiß von der Stirn, schaut sie fragend an. Ja, weitermachen, immer weitermachen, signalisiert sie ihm. Herzkreislauftraining, denkt sie amüsiert.

Unmöglich, den Kopf auszuschalten, als aus den Lautsprecherboxen Milva erklingt: „Ich mag dich, weil du klug und zärtlich bist und doch das ist es nicht allein. Du zeigst mir immer, dass es möglich ist, ganz Frau und trotzdem frei zu sein.“

Ist Theo klug und zärtlich? Klüger als sie allemal, sonst hätte er sich wohl gar nicht so sehr in sie verliebt, dass er sie heiratete. Einmal hatte er eine Nachbarstochter erwähnt, die sich um ihn bemüht hatte. Sie war ihm zu intelligent und gebildet gewesen. Deutlich hatte sie das herausgehört. Margot. Neulich machte er sie auf eine Todesanzeige in der Zeitung aufmerksam. Dort stand der Mädchenname dieser Frau. Margot war ledig geblieben.

Und zärtlich? Amrei hat den Verdacht, dass Zärtlichkeit zunächst eine Empfindung von Frauen war, zu der männliche Wesen erzogen werden müssen. Nun muss sie so lachen, dass Theo sie wieder irritiert anschaut. Ja, mittlerweile ist er feinfühlig und zärtlich.

Außer Atem und glücklich nimmt sie Theos Einladung an die Bar an. Er trinkt noch ein kühles Helles, sie einen Martini mit vielen Eiswürfeln. Weil sie selten Alkohol trinkt, spürt sie, wie sich das Herumgedenke in ein Gefühl von Schwerelosigkeit und Gleichmut auflöst.

Kurz vor Mitternacht auf dem Heimweg im Auto haben sich Amrei und Theo auf der Rückbank eingerichtet. Silvia, die nur alkoholfreies Bier getrunken hat, steuert den Wagen durch die sternenklare Nacht. In Amrei kommt ein tiefes Gefühl der Dankbarkeit auf: Sie ist dankbar für die gemeinsame Zeit, die sie heute Abend mit Silvi und Jens verbringen durften, dankbar dafür, dass Theo und sie noch so schwungvoll und ausdauernd miteinander tanzen können. Müde lehnt sie sich an Theos Schulter und schließt die Augen.

Zu sich kommen

Umschlossen wie von einer Blase schwebt sie im Nirgendwo. Unendlich entfernt von sich und der Welt. Stimmen von weit her versuchen sie zu erreichen. Doch sie fühlt sich in diesem Nichts festgehalten, tief unter einer Oberfläche, zu der sie nicht aufzutauchen vermag. Unverständliche Worte dringen an ihr Ohr, flüchtig und in der Lautstärke gedämpft. Dann gleitet sie zurück in das lautlose Meer der Besinnungslosigkeit, in ein schattenloses Nichts.

Wären da nur nicht diese Stimmen, die versuchen, zu ihr durchzudringen von dort draußen im Irgendwo, außerhalb von dem Unbenennbaren, das sie umgibt. Etwas in ihr spürt, dass sie an die Oberfläche zurückkehren sollte. Ihr zugewandt stehen zwei Menschen. Sie weiß nicht, was sie von ihr wollen, kann nicht denken, ist nicht wirklich da, taucht wieder ein ins Nichts.

Es gibt keinen Raum und keine Zeit. Immer wieder spürt sie die Zugewandtheit der beiden Menschen, sieht ihre Gesichter, hört sie Worte an sie richten, die sie nicht versteht. Ihr Kopf schmerzt. Angestrengt bemüht sie sich, aus dem Nichtsein aufzutauchen, die Rufenden wissen zu lassen: Ich bin weit weg. Ich kann euch wohl hören, aber ich verstehe euch nicht. Ein unartikuliertes Flüstern kommt aus ihrer Kehle. Ihre Stimme – fast unhörbar. Vorsichtig bewegt sie die Hand.

Es kostet sie unsäglich viel Kraft, aus dem Schlaf der Bewusstlosigkeit zu erwachen. Nach und nach werden die Stimmen der anderen deutlicher: „Können Sie mich hören?“ Sie versucht zu nicken. Es scheint zu gelingen, tut aber weh. Vor der Helligkeit muss sie die Augen wieder schließen.

Nach und nach kehrt sie zu sich zurück – und damit auch in eine ihr fremde Umgebung. Jemand fragt sie nach ihrem Namen. Ihre Antwort klingt seltsam verwaschen. Verrückt, wie schwer es ihr fällt, ihren Namen zu sagen, ihren eigenen tausendmal gehörten und gesagten Namen. Natürlich kennt sie ihren Namen! Nur die Zunge gehorcht nicht richtig und die Stimme ist viel zu leise. Sie spürt, sie darf sich nicht hängen lassen, darf sich nicht ausruhen. Die Menschen an ihrem Bett bemühen sich um sie und möchten, dass sie den Namen sagt. Endlich gelingt es.

Auch ihr Alter kann sie angeben: „Achtzig", murmelt sie. Richtig, sie ist achtzig Jahre alt, schon eine Weile, bald wird sie einundachtzig sein.

„Und welchen Wochentag haben wir?"

Wochentag? Ist das nicht ganz egal? Jemand wiederholt die Frage. Es scheint also wichtig zu sein. Sie kann sich aber beim besten Willen nicht erinnern. Wenn man sie doch schlafen ließe, ausruhen in dem weichen Bett. Sich zu konzentrieren, kostet sie ungeheure Mühe.

„Können Sie uns sagen, wo Sie wohnen?"

Ja, das kann sie. Und mit dem Nennen der Adresse kommt auch ihre Stimme zurück, wird deutlicher. Endlich kann sie darum bitten, dass die Vorhänge geschlossen werden, möchte die Augen öffnen, möchte etwas trinken, ihr Mund ist so trocken. Vielleicht kann sie dann den Nebel, der sie umhüllt, abschütteln. Die Augen zu öffnen, gestaltet sich schwerer als erwartet. Nur kurz nimmt sie ihre Umgebung wahr: offenbar ein Krankenhauszimmer. Jemand sagt: „Sie ist jetzt bei Bewusstsein."

Es ist ein freundlicher junger Mann im grünen Kittel, der die Fragen stellt. „Wie gut, dass Sie wach und ansprechbar sind", sagt er. „Ruhen Sie sich ein bisschen aus. Ich bin gleich wieder bei Ihnen." Und ehe sie etwas fragen kann, hat er den Raum verlassen.

Ein Auge scheint nicht in Ordnung zu sein. Mit dem anderen schaut sie verwundert umher. Warum ist sie hier? Wie ist sie hergekommen? Ist sie krank? Ihre Gedanken verschwimmen, der Kopf schmerzt. Und was ist das für ein Nachthemd, das sie da anhat, weit und weiß? Darunter ist sie nackt. Jemand muss sie ausgezogen haben. Mit der freien Hand ertastet sie ihre Unterhose, wenigstens die hat man angelassen. Aber wo sind ihre Sachen? Der Stuhl neben ihrem Bett ist ebenso leer wie das zweite Bett, das näher zum Fenster hin steht.

Obwohl sie sich unendlich müde fühlt, beunruhigen sie diese Fragen und halten sie wach. Deshalb ist sie froh, als der junge

Arzt in Begleitung einer dunkelhaarigen Krankenschwester zu ihr zurückkehrt. Sie findet es merkwürdig, dass ihr als Erstes die Frage nach dem Verbleib ihrer Kleidung über die Lippen kommt. Doch sie spürt Erleichterung, als die Schwester mit beruhigender Selbstverständlichkeit antwortet: „Die sind gut verwahrt. Machen Sie sich keine Sorgen."

„Haben Sie Schmerzen?", möchte der Arzt wissen, nachdem er sich als Dr. Karger vorgestellt hat.

„Mein Kopf tut weh", sagt sie. In sich hineinspürend, nimmt sie wahr, dass mit ihrem Körper nicht alles in Ordnung ist. „Und mein Auge ist so seltsam."

„Nichts Gefährliches", sagt der Arzt. „Sie haben dort ein Hämatom, einen Bluterguss."

„Von einer Beule auf der Stirn, nah der Schläfe", ergänzt die Schwester. Und gibt ihr mit den Worten „Das hilft gegen die Schmerzen" eine Tablette und ein Glas Wasser.

Ehe sie in Erfahrung bringen kann, was passiert ist, warum sie in einem fremden Nachthemd in einem Krankenhausbett liegt, sagt der Arzt, der sich auf den Stuhl neben ihrem Bett gesetzt hat: „Wir würden gern Ihr Erinnerungsvermögen testen."

Anhand der nun gestellten Fragen kehrt langsam das Gedächtnis zurück. „Es ist Samstag." Das fällt ihr wieder ein. „Ich bin mit dem Rad zum Einkaufen gefahren." Ja, sie weiß noch, dass sie Pfirsiche, Aprikosen und einige Lebensmittel besorgen wollte. Auch an den Weg zum Supermarkt kann sie sich gut erinnern. Zum Glück scheinen der nette Arzt und die freundliche Schwester Zeit zu haben, denn sie warten geduldig, bis nach und nach Bilder in ihr auftauchen. Sie sieht sich durch die Gänge des Marktes gehen, dies und jenes in den Einkaufswagen legen. Habe ich überhaupt bezahlt?, überlegt sie erschrocken. Sie atmet auf, als aus der Leere ihres Gehirns das Bild von den Warteschlangen an den Kassen auftaucht, und sie sich in eine einreiht. Ja, und dann hatte sie Mühe, alle Einkäufe im Korb auf dem Gepäckträger des Fahrrades unterzubringen. Stück für Stück erobert sie ihre Erinnerungen zurück. „Als ich den großen Parkplatz vor dem Supermarkt hinter mir hatte, war ich erleichtert", sagt sie. Auf der Rückfahrt endet der innere Film. Da geht es an einer Stelle nicht weiter. Beim besten Willen nicht.

Dafür kann sie sich auf Nachfragen an den Stadtteil erinnern, in dem sie wohnt. Und an die vergangene Woche. Im Gemeindehaus waren die Geburtstage der letzten drei Monate mit Kaffee und Kuchen gefeiert worden. Ihre Freundin Christel hatte sie dazu eingeladen. Je weiter Ereignisse zurückliegen, desto lebhafter erinnert sie sich, nennt ihr Hochzeitsdatum und das Jahr und den Tag, an dem ihr Mann starb. Sie weiß den Namen des Bürgermeisters der Stadt und vieles mehr.

Schließlich nickt der Arzt zufrieden. „Zu Ihrer Sicherheit müssen wir noch ein paar Untersuchungen durchführen", kündigt er an und verabschiedet sich. „Schwester Adina wird Sie begleiten und Ihnen alles erklären."

Auf die Frage, was geschehen sei, erfährt sie von der Schwester, dass sie mit dem Notarztwagen eingeliefert worden ist. Jemand hätte sie bewusstlos unter ihrem Fahrrad liegend gefunden und die Notrufnummer 112 angerufen. „Zum Glück haben Sie sich nichts gebrochen und keine inneren Verletzungen“, tröstet die Schwester. „Äußerlich sichtbar sind nur die Beule an Ihrer Stirn und Blutergüsse an der Schulter und am Auge.“

Das Angebot, stärkere Schmerztabletten zu bekommen, lehnt sie ab. Sie möchte sich nach der Bewusstlosigkeit, die wohl recht lange gedauert haben muss, wieder fühlen. Und einfach schlafen. Sie wird schlafen, bis sie zu den Untersuchungen abgeholt wird. Eine große Erschöpfung, gemischt mit Dankbarkeit, breitet sich in ihr aus. Sie wird gesund werden, ist in guten Händen, darf loslassen.

Erst am Abend darauf, als sie nach der Entlassung aus dem Krankenhaus bei sich zu Hause in ihrem eigenen Bett zur Ruhe kommt, wird ihr klar, dass ihr Schutzengel sie aufgefangen haben muss bei dem Sturz.

Auch an das Ehepaar, das sie in der Einfahrt des Hauses, in dem sie wohnt, gefunden und den Notarztwagen angerufen hat, denkt sie voller Dankbarkeit. Davon hat ihr Herr Rosenberg, der im selben Haus wohnt, erzählt. Umsichtig hatte er die Einkäufe in den Keller gebracht und ihr einen Info-Zettel an die Tür geklebt.

Ein blaues Auge, eine leichte Gehirnerschütterung, damit kann sie leben, auch damit, dass nicht nur der Kopf, sondern auch die Schulter, auf die sie gefallen ist, schmerzt. Zugegeben, das blaue Auge stört, aber wahrscheinlich kann sie es unter ihrer Sonnenbrille verstecken. Ohnehin soll sie jede Anstrengung vermeiden – und auf sich achten. Sonst konnte sich die Gehirnerschütterung noch mit allgemeinem Unwohlsein und Übelkeit bemerkbar machen.

Dass sie in den nächsten Wochen die Sonne meiden soll, stimmt sie ein wenig traurig. Sie liebt Sommertage, die morgens so hell und warm beginnen, dass sie als Kind wusste, es würde hitzefrei geben, man könnte schwimmen gehen. Sonne tat ihr schon immer einfach nur gut. Offensichtlich hatte sie von ihrer aus dem Mittelmeerraum stammenden Urgroßmutter eine Haut mit angeborenem Sonnenschutzfaktor geerbt.

Genau wie früher ihr Vater, wird auch sie braun, ohne einen Sonnenbrand zu bekommen. Ihre Seele und ihr Körper bräuchten gerade dringend Sonnenwärme. Sie seufzt.

Und dann ist da noch die Ungewissheit, ob sie gestürzt ist, weil sie das Bewusstsein verloren hat, oder ob durch die Verletzung ihres Kopfes beim Sturz, also durch die Gehirnerschütterung, die Erinnerung an das Ereignis und an die Minuten davor verloren gegangen ist.

Grundlos das Bewusstsein zu verlieren, das gibt es. Und es ist gefährlich. Davon könnte sie jederzeit, überall, in der Wohnung, im Straßenverkehr, wo auch immer, überrascht werden. Keine schöne Vorstellung. Ein Cousin hat sich bei einer solchen Bewusstlosigkeit den Oberschenkelhals gebrochen. Er war im eigenen Badezimmer zusammengebrochen. Einfach so. Sie nimmt sich vor, darüber mit ihrem Hausarzt zu sprechen. Der soll abklären, ob auch ihr so etwas passieren kann.

Zurückgekehrt aus der Klinik, hatte sie mit ihrem Sohn telefoniert. Als er von dem Unglücksfall hörte, äußerte er die Vermutung, sie könne in der Einfahrt zum Haus gestürzt sein, dort seien die Platten gefährlich unregelmäßig verlegt. Das sei ihm bei Besuchen aufgefallen, und jetzt fiele es ihm wieder ein. „Nachdem du schon abgestiegen warst und das Fahrrad geschoben hast, bist du gestolpert. Und dann ist das Fahrrad auf dich gefallen. Bei jeder anderen Konstellation hättest du dich sicherlich schwerer verletzt." Er bietet an, sich einen Tag Urlaub zu nehmen, um sie zu besuchen, für sie einzukaufen, sie zum Arzt zu fahren.

Sie hat dankend abgelehnt. Ein solches Opfer mag sie nicht annehmen. Die weite Reise, und ein Urlaubstag, wo er doch beruflich so eingespannt ist. „Mach dir bloß keine Sorgen, ich habe Freundinnen und Freunde in meiner Nähe", hat sie ihn beruhigt und vergnügt hinzugefügt: „Und eingekauft hatte ich ja schon! Das reicht für ein paar Tage. Außerdem geht es mir schon beinahe wieder gut."

Von Tag zu Tag erholt sie sich mehr von dem Sturz und von dem Schrecken. Abgesehen von leichten Kopfschmerzen fühlt sie sich bald wieder recht wohl.

Als dann ein stabiles Hoch „Hitzefrei-Wetter“ bringt, verlässt sie nachmittags ihren allzu heißen Balkon im ersten Stock und stellt ihren Liegestuhl in den Schatten eines Apfelbaums. Der Garten gehört zur Wohnung im Parterre, doch die Familie, die dort wohnt, ist über die Sommerferien mit den Kindern verreist. Bei der Übergabe des Schlüssels zum Blumengießen hatte Frau Monheim gesagt: „Herr Rosenberg wird freundlicherweise den Rasen mähen. Und Sie sind, genau wie er, für die Zeit unserer Abwesenheit herzlich eingeladen, den Garten zu benutzen.“

„Nichts Schöneres unter der Sonne, als unter der Sonne zu sein“, zitiert sie im Innern die Dichterin Ingeborg Bachmann, träumt in das Blätterdach über sich.

Ihr fällt etwas ein, was sie seltsam berührt. Alle, die bei Begegnungen oder am Telefon von ihrem Sturz erfahren, erzählen nach dem Ausdruck des Bedauerns und den Genesungswünschen von eigenen Fahrradstürzen, mit und ohne Knochenbrüche, Verstauchungen, Prellungen.

Sogar ihr Arzt. Er war einmal, als er mit seinem Fahrrad zur nachmittäglichen Sprechstunde fuhr, in die Autotür einer Patientin geknallt. Die hatte, ohne zuvor in den Rückspiegel zu schauen, die Wagentür geöffnet – und musste sich nun zunächst um den Arzt kümmern, der sich normalerweise um sie kümmerte. Gut gelaunt hatte der Arzt gesagt: „Damals war ich noch sportlich, ich kam mit dem Schrecken und ein paar blauen Flecken davon." Schlimmer hatte es ihn auf einer Radtour mit Freunden erwischt, als er mit recht hohem Tempo unterwegs war und ihm ein Insekt hinter die Sonnenbrille geriet. Er hatte ihr die Narbe an seiner Hand gezeigt und kommentiert: „Es war ein recht komplizierter Bruch." Rückblickend konnte er darüber lachen.

„Sie werden keine bleibenden Schäden davontragen!", hatte er, zu ihren Problemen zurückkehrend, versichert, und ihr geraten, gegen die Blutergüsse Arnica zu nehmen. Unkompliziert hatte er ihr gleich fünf Globuli verabreicht.

Vielleicht wollen mir alle vermitteln, wie selbstverständlich es ist, mit dem Fahrrad hinzufallen, überlegt sie. In jedem Alter. Aber beruhigt sie das? Ist es nicht im Hinblick auf die Zukunft eher beunruhigend? Vor sich öffnenden Autotüren fürchtet sie sich ohnehin, fährt an parkenden Autos nur langsam vorbei. Überhaupt traut sie sich noch nicht wieder mit dem Fahrrad zu fahren. Einkaufen kann sie auch in der gut sortierten Bäckerei um die Ecke.

Und noch etwas geht ihr durch den Kopf. Gestern klingelte der Paketbote. Erwartungsvoll wie ein Kind an Weihnachten hat sie das für seine Größe recht leichte Paket geöffnet. Darin: ein Fahrradhelm in fröhlichem Hellgrün.

Wie besorgt sie alle seien, hat Enkelin Laura geschrieben, und dass Greta und Ben darauf bestanden hätten, ihr einen Helm zu schicken. Beim Betrachten der selbst gemalten Bilder der Urenkelkinder, vor allem beim Lesen der darunter geschriebenen Botschaften, hatte sie vor Rührung lachen und weinen müssen. „Uromi, wir brauchen Dich noch“, steht unter Gretas Bild, auf dem Blumen in allen Farben leuchten. Dazwischen radelt die „Uromi“ mit einem grünen Helm auf dem Kopf unter einer strahlenden Sonne. Ben hat eine Straße mit Autos gemalt und darunter in wackligen Buchstaben geschrieben: „Sei schön fanümftik". „Sei schön vernünftig", das sagt sonst sie zu dem kleinen Racker.

Sie wird den Helm aufprobieren, wenn ihr Kopf wieder heil ist. Mit gemischten Gefühlen hat sie ihn im Kleiderschrank verstaut. Ist das eine „Einmischung in innere Angelegenheiten", wie sie Ratschläge ihrer Kinder und Kindeskinder oft nennt? Die hat sie sich deutlich verbeten.

Alle wissen – und kritisieren –, dass sie es liebt, ohne Helm zu fahren. Den Wind in den Haaren zu spüren, erinnert sie an all die Fahrradfahrten in ihrer Kindheit und Jugend, an die Radwanderungen mit ihrem Mann. Der sagte einmal, Rad zu fahren sei fast so schön wie Reiten. Unvermittelt fällt ihr ein, dass Reiter meist einen Helm tragen.

Sie wird es sich überlegen. Und sie wird ihren Arzt beiläufig fragen, ob ein Helm sie vor der Gehirnerschütterung bewahrt hätte. Die Beantwortung des Briefes kann warten. Es würde sie anstrengen, genauso ein Telefongespräch mit Laura.

Es ist wunderbar, sich nicht anstrengen zu dürfen. Alles, wozu sie keine Lust hat, deklariert sie als zu anstrengend. Wäsche waschen? Gestrichen. Das Aufhängen und Bügeln wäre zu anstrengend. Einen Besuch, den sie als Verpflichtung empfunden hat, kann sie leicht absagen. Zu anstrengend. Das Ehrenamt? Muss ein paar Wochen warten. Kochen? Zu anstrengend. Bei der Wärme isst sie ohnehin viel lieber Joghurt und Obst, Tomaten und Gurke, knabbert rohe Möhren, Kohlrabi und Paprika.

Bei anhaltend gutem Wetter hält sie ihr Mittagsschläfchen nun täglich auf der Liege im Garten. Sie genießt es, zu träumen, in die Blätter des Apfelbaumes zu schauen, einzuschlummern, einfach nur da zu sein. Unerwartet denkt sie an einem solchen Nachmittag an ihre kleine Schwester. Seltsam, dass ihr das nicht eher eingefallen ist. Zumal sie damals dabei war, als die Vierjährige in hohem Bogen über den Lenker ihres roten Kinderfahrrades flog – und wie tot liegen blieb, einfach liegen blieb, und erst zehn Minuten später auf dem Sofa in der Stube wieder zu sich kam. Sie sieht das verschrammte Gesichtchen mit den geschlossenen Augen noch vor sich. Vom Unfallort an der Ecke der Straße, in der sie wohnten, hatte ihre Mutter das kleine Wesen heimgetragen und auf das Sofa im Wohnzimmer gelegt. Die Großmutter, der die Kleine „mit 80 Sachen" entgegengefahren war, hatte den ganzen Weg gejammert.

Irgendwie steckten uns zu jener Zeit noch die Schrecken des Krieges in den Knochen, wird ihr klar, unsere Nerven hatten gelitten. Die Nächte mit Bombenalarm, das Warten auf Nachricht vom Vater, das Warten auf seine Heimkehr, als er in Gefangenschaft war und nur selten Post von ihm kam, bis er schließlich krank und abgemagert heimkehrte. Das Wissen um gefallene und vermisste Väter der anderen, von Verwandten, Nachbarn und Brüdern im Freundeskreis der Familie; um Familien, die ausgebombt waren, um geflüchtete und vertriebene Verwandte.

Ihr fällt ein, dass der Vater der Großmutter nicht aus dem Ersten Weltkrieg heimgekehrt war und sie als eine der Älteren von sieben Kindern früh Verantwortung in Haus und Geschäft der Eltern übernehmen musste. Ihren Mann heiratete die Großmutter kurz nach Ende des Ersten Weltkrieges, dessen Grauen und Entbehrungen an ihm nicht spurlos vorübergegangen waren. Der Großvater sprach nicht davon. Eine Feldpostkarte in einem Album zeigt ihn in Uniform zu Pferde.

Sie war in ihrer Kindheit oft bei den Großeltern gewesen. In dem Dorf, in dem sie lebten, fielen, anders als in der Stadt, keine Bomben, und umgeben von Nebenerwerbsbauern, die ihr Geld in Friedenszeiten als Maurer oder Waldarbeiter verdienten, gab es immer etwas zu essen. Auch der Großvater hielt Hühner; im Garten der Großmutter gab es Stachelbeeren, Johannisbeeren und Himbeeren, Kartoffeln, Salat, Zwiebeln und Grünkohl, an hohen Stangen rankten Bohnen empor.

Irgendwann landen ihre Tagträume und inneren Bilder wieder bei der kleinen Schwester. Die zwölf Jahre Jüngere war ein echtes Friedenskind. Sie kannte keinen Hunger, hatte sich stets richtig satt essen können. Und die Ruinen zerbombter Häuser waren zu Abenteuerspielplätzen geworden. Niemand beachtete die Schilder „Betreten verboten – Einsturzgefahr“.

„Gehirnerschütterung“, so lautete vor fast siebzig Jahren die Diagnose des Arztes, der seinerzeit regelmäßig Hausbesuche machte und auch sie als Kind bei Lungen- und Mittelohrentzündung, bei Scharlach, Röteln, Masern und anderen Kinderkrankheiten betreut hatte. Sie erinnert sich noch sehr genau, dass dieser Doktor Riede ihrer Schwester sechs Wochen Bettruhe verordnete. Sechs Wochen, in denen alle das Kind nach Kräften verwöhnten. Auch damals war Sommer. Und damit die Kleine sich im Schlafzimmer nicht so allein fühlte und langweilte, wurde ihr Kinderbett tagsüber im Garten unter den schon abgeernteten Klarapfelbaum gestellt.

Das hatte sie vergessen gehabt. Doch nun steht es ihr wieder vor Augen. Ein Nachbarsjunge kam nach der Schule, um seiner kleinen Freundin etwas vorzulesen. Den beiden heimlich zuzuhören, war lustig gewesen, weil der Erstklässler noch gar nicht richtig lesen konnte. Aber die beiden hatten Spaß.

Abends, wenn er von der Arbeit heimkam, brachte der Vater seiner Jüngsten etwas mit, manchmal ein Spielzeug, manchmal ein paar Lakritzbonbons. War sie nicht ein wenig neidisch gewesen? Hatte sie sich womöglich gewünscht, auch mal mit einer Gehirnerschütterung im Schatten eines Apfelbaums zu liegen und verwöhnt zu werden?

Es gelingt ihr nicht, den Gedanken abzutun, hat sie doch in ihrem Leben öfter erlebt, dass sich bewusst oder unbewusst geäußerte Wünsche manchmal auf eine Art erfüllen, die man nicht wünschenswert findet. Als nach einem kurzen Erschrecken vor der Macht des Wünschens ihr Humor zu ihr zurückkehrt, findet sie es rücksichtsvoll, dass sich die „Wunscherfüllungsinstanz“ damit so lange Zeit gelassen hat. Inzwischen hat sie gelernt, sich selbst zu verwöhnen.

Ein Blick auf die Armbanduhr bestätigt: Es ist Zeit für einen Cappuccino. Sie wird sich ein leckeres Stück Sahnetorte dazu besorgen. Und eine Packung Lakritzschnecken zum Abendfilm im Fernsehen.

Vielleicht sollte sie ihre kleine Schwester für einen der nächsten Nachmittage einladen, um mit ihr Erinnerungen auszutauschen. Vor allem aber wird sie mit dem Wünschen in Zukunft sehr vorsichtig sein.

Weitergehen

Eigentlich müssten die Apfelbäume beschnitten werden, denkt er. Aber ihm fehlt die Kraft. Zu allem fehlt ihm Kraft. Er schaut in den herbstlichen Garten und würde am liebsten sterben, vom Baum des Lebens abfallen wie ein Blatt und zu Erde werden. Morgens nicht aufstehen müssen, nachts nicht wachliegen und grübeln. Es erscheint ihm absolut unmöglich zu schaffen, was da auf ihn zukommt.

Wochenlang hat er versucht, gegen das Unfassbare anzukämpfen, bis ihm ein Rechtsanwalt erklärte: Da gibt es nichts zu kämpfen. Er muss aus dem Haus, in dem er vor 74 Jahren geboren wurde, ausziehen. Es gehört ihm nicht mehr. Mit einer Unterschrift hat er sein Unglück besiegelt, als er mit seinem Elternhaus für den Kredit seines Sohnes bürgte.

„Eine ganz sichere Sache“, hieß es damals, vor neun Jahren. Er hat seinem Sohn vertraut. Seine Frau war gerade gestorben und Sohn und Schwiegertochter drängten ihn, das Haus zu verkaufen und in eine kleine Wohnung zu ziehen. Die Gartenarbeit würde ihm ohnehin bald zu viel werden. So ein Unsinn. Nach wie vor liebt er seinen Garten, fühlt sich rüstig genug, ihn noch lange zu beackern. Und er liebt das Haus, in dem er mit seiner Frau glücklich gewesen ist. Außerdem tragen die Gemüsebeete und die Obstbäume dazu bei, dass seine Rente ausreicht.

„Reine Formsache", hatte sein Sohn gesagt. Er brauche den Kredit, um sich selbständig zu machen. Mein Sohn, der erfolgreiche Geschäftsmann, so hat er gedacht – bis der Brief von der Bank kam und er erfuhr, dass der Kredit schon seit Längerem nicht mehr bedient wurde. Mit dem Haus muss er nun die Schulden bezahlen.

Ausziehen heißt das für ihn. Kaum hat er sich mit der bitteren Wahrheit abgefunden, wird das Wohin für ihn zu einem unlösbaren Problem. In der Stadt gibt es kaum bezahlbare Wohnungen und keine Wohnung von den bezahlbaren, die ihm auch nur einigermaßen gefällt.

In seiner Verzweiflung ist er sogar hinausgefahren in eine trostlose Hochhaussiedlung vor der Stadt. Dort gab es ein freies Apartment. Der Fahrstuhl stank nach Urin. Umgeben von zotigen Schmierereien, gelangte er in den 14. Stock, wo er eine kleine Wohnung mit einem winzigen Balkon und einer feuchten Wand in der Küche besichtigte.

„Du hast keine Wahl", sagte sein Bruder. Sein Bruder und die Schwägerin sind die Einzigen, die außer Sohn und Schwiegertochter von der Katastrophe wissen. Er kann mit niemandem darüber reden, er schämt sich für seine Dummheit. Noch mehr schämt er sich, dass ihm sein Sohn das angetan hat. Die Nachbarn wissen von nichts, er geht nicht mehr zu seiner Volleyball-Gruppe, nicht mehr zum Treffen mit den alten Arbeitskollegen, überhaupt nirgends mehr hin.

Gern würde er sich abends ins Bett legen und morgens nicht mehr aufwachen. Doch je länger er an eine Erlösung durch den Tod denkt, desto mehr graut ihm davor, sich zu töten. In die Kirche geht er zwar selten, doch er hat eine innere Beziehung zu dem, der Leben schenkt und Leben nimmt. Oft berät er sich mit seiner verstorbenen Frau, möchte ihr im Tod wieder nah sein. Ja, er glaubt an etwas, und es hindert ihn, sein Leben zu beenden.

Ein wenig Hoffnung keimt beim Lesen eines verlockenden Angebots in der Zeitung in ihm auf. Als er nach einer längeren Fahrt mit dem Bus die angegebene Adresse erreicht, kommt er allerdings zu spät. Jedenfalls sagt man ihm, die Wohnung sei bereits vergeben. Vielleicht will man keinen alten Mann als Mieter. Das hat er schon öfter erleben müssen.

Auf der Rückfahrt fühlt er sich wieder so hilflos, so wertlos, so überflüssig und schwach. Erst als sich eine junge Frau mit einem Kind auf den Platz neben ihn setzt, schaut er auf. Die Frau sieht abgehetzt aus. Auch das Kind guckt seltsam mutlos. Schlagartig wird ihm bewusst, er ist nicht der Einzige, dem es schlecht geht. Aus seiner Jackentasche fördert er ein Hustenbonbon zutage und gibt es dem Kind. Wortlos schaut es die Mutter an, die bedankt sich, wickelt das Bonbon aus und schiebt es dem Kind in den Mund. Der kleine Junge lächelt ihn an und ihm wird ganz warm.

Als die beiden aussteigen, schaut er ihnen nach und entdeckt ein Schild, eine Art Werbung, an der Buswand. „Rufen Sie an, wenn Sie nicht weiterwissen“, steht darauf und: „Telefonseelsorge“. Davon hat er schon mal gehört. Obwohl ihm das Wort ein wenig unheimlich ist, notiert er sich die Telefonnummer.

Später überwindet er sich, dort tatsächlich anzurufen, erkundigt sich: „Bleibt der Anruf und alles, was ich sage, anonym?“ „Ja, selbstverständlich“, bestätigt eine freundliche Frauenstimme.

Er weiß kaum, wie er beginnen soll. Doch als er sich verstanden fühlt, wird er freier, kann sich zum ersten Mal seit der Katastrophe aussprechen, kann seine Enttäuschung artikulieren, seine Ängste, kann sagen, wie sehr er sich schämt, und dass sie die Erste ist, die all das erfährt. Nach einer Weile fragt die Stimme: „Weiß niemand in Ihrem Freundeskreis davon, dass Sie eine Wohnung suchen?“

Als er „Nein, niemand“ antwortet, ermutigt ihn die Frau, offener damit umzugehen, dass er dringend eine schöne, neue

Wohnung braucht. Und weil sie „schöne, neue Wohnung“, sagt, fasst er vollends Vertrauen zu ihr.

„Mit jedem Menschen, der davon weiß, steigt Ihre Chance, etwas Passendes zu finden!“, sagt sie. Das leuchtet ihm ein. Nachdem er sich seine Not von der Seele geredet hat, denkt er daran, mit wie viel Leid die Frau von der Telefonseelsorge konfrontiert wird. Sein Schicksal ist nur eins von vielen.

Das Gespräch hat ihm die Zunge gelöst. Die Volleyball-Spieler erfahren ebenso von der Misere wie die ehemaligen Arbeitskollegen, Verwandte und Nachbarn. Alle versprechen, Augen und Ohren offenzuhalten, nehmen Anteil, zeigen ihm Nähe und Sympathie. „Ich spreche mal mit meinen Kindern“, hat einer seiner Freunde gesagt. „Sie wollen ihre Dachwohnung neu vermieten. Und fachkundige Hilfe im Garten könnten sie gut gebrauchen.“

Ein Labyrinth ist kein Irrgarten

Die Straßenbahn fährt über den Löwenplatz zur Kasernenstraße. Hilde mag es, in der ihr noch recht unbekannten Stadt unterwegs zu sein, beobachtet die Mitreisenden, schaut aus dem Fenster, bereit, ein kleines Abenteuer zu erleben und – sich an allem zu freuen.

Beim Frühstück hat Julia vorgeschlagen: „Oma, fahr doch heut mal zum Labyrinth." Die Enkelin war überzeugt gewesen, dass es ihr dort gefallen würde. Julia ist mit ihrem Beruf und den pubertierenden Zwillingen voll ausgelastet, jedenfalls zu beschäftigt, um sich um ihre Großmutter kümmern zu können, die in der kleinen Familie zweimal im Jahr für ein paar Tage als Besuch willkommen ist.

Julia wünscht sich, dass Hilde eigenständig etwas unternimmt, auf eigene Faust die Stadt erobert. „Neue Eindrücke halten dich jung, Oma", meint sie und schätzt die allabendlichen Berichte von immer neuen Exkursionen. „Du betrachtest manches auf eine ganz eigene Art“, sagt die Enkeltochter. Sie scheint ihr wirklich gern zuzuhören, vielleicht auch, um einen anderen Blick auf die Stadt zu bekommen, in der sie nun schon seit fast zwanzig Jahren manchmal mehr, manchmal weniger gut lebt.

Nun also ein Ausflug zum Labyrinth, denkt Hilde unternehmungslustig beim Aussteigen aus einer der schönen, alten Straßenbahnen, von denen gesagt wird, sie seien immer pünktlich. Von der Haltestelle aus sichtbar, erlaubt ein Schild am Tor eines Gebäudes den Durchgang zur Kasernenwiese. Hier ist sie richtig. Sie tritt ein und blickt auf unbeschreiblich abweisende, hohe Wände. Der Hinweis auf die hier residierende „Gleichstellungsstelle“ wirkt fast ein wenig grotesk auf sie; Leben in lebensfeindlicher Bauweise. Sie spürt ein erwartungsvolles Prickeln beim Einblick in Fremdes. Fahrpläne an der Wand lassen auf verborgen arbeitende Menschen schließen, die Vorortzüge benutzen.

Der Durchgang öffnet sich zu einem weiten, von Kasernen umstellten Wiesenplatz. Leuchtend grüner Rasen – aber kein Labyrinth. Leises Erschrecken. Ist etwa Gras darüber gewachsen? Hatte Julia nicht gesagt, es sei eine Weile her, seit sie das letzte Mal dort gewesen sei? Einen Mann im blauen Kittel kann sie nach dem Weg fragen. Er zeigt mit der ausgestreckten Hand über den Platz: „Sie müssen noch durch den Torgang dort hinten."

Ihre kleine Wallfahrt führt sie auf einen langen, schmalen Pfad, den vor ihr Füße ins Gras getreten haben. Je älter ich werde, denkt sie, desto weiter erscheinen mir Wege. Oder brauche ich einfach länger als früher? Gehe ich so viel langsamer? Die Zeit vergeht. Und ich vergehe mit jedem meiner Schritte. Die Formulierung gefällt ihr.

Durch einen weiteren Torgang erreicht sie die Zeughauswiese. Und da liegt es endlich vor ihr, das Labyrinth: flach, mit in sich verschlungenen Wegen auf dem großen Areal, fast ein wenig zu harmlos unter einem Himmel, der sich noch nicht entschieden hat, ob die Wolken sich teilen, damit die Sonne durchkommen kann.

Was hat sie erwartet? Einen wuchernden Urwald? Etwas Unheimliches? Von hohen

Hecken begrenzte Wege wie in dem Film „Shining"? Ein Labyrinth ist kein Irrgarten, das weiß sie doch. Und wer es auf die richtige Art durchschreitet, den führt es in seine Mitte – und dann wieder sicher heraus.

Es ist lange her, dass sie sich mit solchen Dingen beschäftigt hat. Zum Glück bleibt wohl vom einmal Gewussten meist etwas hängen, zumindest, wenn das Herz dabei war. Kürzlich hat sie gelesen, mit Gefühlen Verknüpftes ließe sich besser erinnern. Nur mit dem Kopf Aufgenommenes verblasse mit der Zeit und gehe leicht wieder verloren. Das hatte ihr eingeleuchtet. Learn by heart: Die Engländer scheinen das schon länger zu wissen.

Das Labyrinth wirkt anheimelnd auf sie, fast wie der Garten ihrer Großeltern, romantisch und verspielt, ein Kindheitsort, den es schon lange nicht mehr gibt, der nur noch in ihr fortlebt. Näher kommend, spürt sie den Sog, der von der doch irgendwie geheimnisvollen Anlage ausgeht. Das Wegenetz zieht sie in sich hinein, vorbei an einer Tafel mit der Ankündigung eines Vollmondtreffens und anderen Veranstaltungsterminen, die alle der Vergangenheit angehören. Die Saison scheint vorüber zu sein, registriert sie ohne Bedauern.

Ihr Weg verläuft zwischen in rundliche Steine eingefassten Beeten, üppig bewachsen mit großblättrigem Klee, mit gelb blühenden Ringelblumen, mit Petersilie, ins Kraut geschossenem Dill und vielen anderen Gewächsen. Ein Salbeiblatt duftet beim Zerreiben nach einem Sommer auf Kreta, und auch die bemalten Feldsteine tragen Erinnerungsspuren warmer Sommertage, von Muße, Lachen und Menschenstimmen.

Wandernd begegnet sie bekannten und unbekannten Pflanzen, verblühten Schafgarbendolden, bräunlich trocken, voller kleiner Samen, auf hohen Stängeln. Herbstblumen erheben ihre Blütenköpfe, Astern, Dahlien, karminrot, lilafarben, gelb und weiß, blauperlmuttschimmernde Kohlköpfe, dazwischen winzige runde Teiche, wie von Kinderhand angelegt. Oder sammelt sich nur Wasser in Bodenvertiefungen, sind es Pfützen?

Sie geht und geht durch diese Welt wie eine Riesin. Der Weg verläuft nie gerade, er schwingt in Kurven und Schlaufen näher zur Mitte – und trägt sie wieder hinaus ins große Drumherum. Der feuchte Boden zwingt sie, achtsam zu gehen, langsam und bewusst ihre Schritte zu setzen.

Auf Steinen entdeckt sie verschiedene I-Ging-Zeichen. Sechs Striche übereinander: das Schöpferische, der Himmel; sechs durchbrochene Striche: das Empfangende, die Erde. Andere Zeichen, Kombinationen der beiden Urprinzipien, kann sie nicht benennen, weiß nicht mehr, welche Strichfolgen für Feuer oder Wasser stehen.

Botschaften wie aus einem anderen Leben. Das Buch der Wandlungen, hieß es so? Bei der Heimkehr wird sie im Bücherschrank nach dem grün-gelben Taschenbuch suchen, sieht es vor sich. Einige Formulierungen zu den Orakeln fand sie damals poetisch, anmutig, vieldeutig, andere hatte sie als frauenfeindlich empfunden. C. G. Jung hatte dazu geforscht, im Selbstversuch spannende Erfahrungen damit gemacht, ein Wissenschaftler, der noch Unerkanntes, vielleicht für Menschen nie Erkennbares nicht ausgrenzte, sondern einbezog. Intuition, Hellsicht, Fügung, es gibt so viele im wahrsten Sinne des Wortes unberechenbare Phänomene.

Und natürlich liegt da auch ein großer, flacher Stein, auf den jemand mit schwarzer und weißer Farbe das Yin-Yang-Zeichen gepinselt hat. Sie geht daran vorbei, doch ihre Gedanken bleiben einen Moment hängen. Über Polarität hatte sie viel nachgedacht und kann bis heute nicht verstehen, warum Yang für „maskulin" stehen soll, für den Mann, das männliche Prinzip.

Ist nicht die Frau als Lebengebende, als Mutter und Geliebte, der helle, der warme, der starke Pol, das Licht? Die Sonne, der Schatten! Yin als der Pol von Kälte, Dunkelheit, Nacht und Tod weiblich? Das durfte doch nicht wahr sein! Männer und Frauen sind für sie zuallererst Menschen. Ihrer Erfahrung nach überwiegt das Gemeinsame. Jeder Mensch vereint in sich Licht und Schatten, Wärme und Kälte, Positives und Negatives.

Warum rege ich mich so auf?, fragt sie sich. Wen muss ich überzeugen? Mit einem Lächeln schüttelt sie das lästige Herumgedenke ab, konzentriert sich wieder auf den Weg, der sie nach innen führen wird, ins Herz des Labyrinths.

Nach innen gehend, versucht sie, in sich hineinzufühlen, in ihre Mitte, in Bauch und Herz. Die offenen Augen hat sie auf das Außen gerichtet, den Herbsttag, den ehemaligen Kasernenhof mitten in der Stadt. Wie von fern nimmt sie Verkehrslärm wahr.

Und dann erreicht sie die Mitte. Vielleicht hat sie den Satz: „Die Mitte soll leer sein" verinnerlicht, jedenfalls fällt es ihr schwer, anzukommen. Ist es Skepsis, Abwehr gegen würdige Orte, gegen die Erwartung, etwas Besonderes empfinden zu müssen?

Während sie innehält, blitzt eine Erinnerung in ihr auf. Sie hatte in jenem Sommer vor vielen Jahren in einem Alpental zu tun gehabt, wollte in der Mittagspause ein wenig in die Natur. Ein Wanderer hatte sie auf einen Platz der Kraft und Macht hingewiesen, hinaufgezeigt zum Waldrand oberhalb einer Wiese. Wenn sie Zeit habe, solle sie hinaufgehen und dort verweilen. Dem Zauber des Ortes könne sich niemand entziehen. Ja, einfach so durchs Gras dürfe sie da hinaufsteigen, dort weide ja derzeit kein Vieh.

Aufgewachsen im Flachland, erschien ihr der Hang steil. Doch die Wiese bot ausreichend Möglichkeiten, mit den Füßen Halt zu finden. So hatte sie den Platz der Kraft und Macht nach mühsamem, aber doch sicherem Aufstieg erreicht. Bereit und überaus empfänglich für eine neue Erfahrung, hatte sie sich ins Gras gesetzt – und meinte nach geraumer Zeit, tatsächlich Außergewöhnliches zu spüren.

Den Weg hinab ins Tal konnte sie dann nur bewältigten, weil sie sich – auf ihre Füße und nicht ins Tal schauend – eingeredet hatte: Es ist, als ginge ich daheim einen Deich hinab. So war es ihr gelungen, ihre Höhenangst zu überwinden. Die Kraft der Sonne, der sie sich ausgesetzt hatte, war ihr erst bewusst geworden, als sie ihr sonnenverbranntes Gesicht im Spiegel sah. Es war schlimm verbrannt gewesen. Seither hat sie großen Respekt vor besonderen Orten.

Gerade als sie ein wenig unfeierlich und ketzerisch denkt: Vielleicht sollte hier eine Bank stehen, bricht die Sonne durch die

Wolken, eine mildfreundlich mütterlich wärmende Sonne, keine verbrennende. Etwas ändert sich. Sie schließt die Augen und kommt einfach an, in dieser Mitte.

Nach einer Weile tritt sie den Rückweg an, genießt es, ungestört und allein zu sein. Natürlich ist der Rückweg der Weg, den sie gekommen ist. Hatte sie etwas anderes erwartet? Mit der Frage beschäftigt, ob in jedem Labyrinth Hin- und Rückweg gleich sind, sieht sie die Abdrücke ihrer Sohlen auf dem feuchten Boden, und ihr ist, als nähme sie ihre Spuren wieder zurück, auf diesem Weg hinaus. Schritt für Schritt.

Ein Gleichnis für das Auslöschen von Karma? Ein Faden wird wieder eingerollt, sie nimmt ihre Taten zurück. Und wenn ich endgültig das Labyrinth des Lebens verlasse, bin ich dann frei?, fragt sie sich. Die Idee gefällt ihr. Es kommt nicht auf immer neue Handlungen und Wege, Entdeckungen, Begegnungen und Gefühle an, sondern auf den Heimweg, der, wenn es gelingt, all die erzeugten Muster glättet.

Schon auf dem Herweg musste sie einen großen Geranienstrauch beiseitebiegen, der quer wachsend den Weg verdeckt. Nun würde sie ihn am liebsten mit einem langen Schritt über das schmale Beet umgehen. So also gehst du mit deinem Karma um, denkt sie und schiebt die Geranie noch einmal vorsichtig, um den Ärmel ihres hellen Mantels nicht zu beschmutzen, zur Seite. Dabei fallen ihr die dicken, behaarten Blätter auf. Sie bleibt stehen und streichelt vorsichtig über ein fächerförmig rundes, duftendes Blatt.

Dann geht sie weiter, froh, dass sie noch so gut zu Fuß ist, grüßt dankbar weiße, lilafarbene und gelbe Blüten, blauperlmuttschimmernden Kohl, Salbei, Ringelblumen und Klee. Den struppigen grauen Lavendel hat sie vorhin übersehen, auch seine wenigen Blüten in dem ganz besonderen Blau, das so gut zu den kleinen rosafarbenen Knospen der benachbarten Dornröschenrose passt. Es juckt ihr in den Fingern, eine der Lavendelblüten für Julia mitzunehmen. Doch dann pflückt sie nur eins der vielen grauen Blätter. Über dessen Duft wird Julia sich bestimmt genauso freuen.

Wohin ich gehe ...

Es war ein sonniger Tag im Herbst gewesen. Als sie die Terrassentür zum Garten öffnete, stand er da, der Auerhahn, keine zwanzig Meter von ihr entfernt. Die grünen Federn an seinem Hals und die rötlichbraunen Flügel leuchteten in der Sonne. Er stand vor dem Lebensbaum, den ihr Mann so geliebt hatte, und schaute sie an.

Später kam es ihr vor, als habe die Begegnung eine Ewigkeit gedauert, und ihr wurde klar, dass eine Ewigkeit nichts mit messbarer Zeit zu tun hat. Ihr verstorbener Mann hat ihr ein Zeichen gegeben.

Bei Gesprächen über das Ereignis hat sie nie das Gefühl, sich lächerlich zu machen. Es gibt Menschen, die finden es übertrieben, ja spinnert, dass das grüne Gefieder des Auerhahns sie an das grüne Halstuch erinnert hat, das ihr Mann so gern zur rötlich-braunen Jacke trug. Sie braucht jedoch keine Erklärung für das Wunder, sie hat es erlebt. Als Krankenschwester stand sie ihr ganzes Leben mit beiden Beinen fest auf dem Boden. Ihr medizinisches Wissen über den menschlichen Körper hindert sie nicht, offen zu sein für Phänomene, die sich bisher noch einer naturwissenschaftlichen Deutung entziehen.

Wie sagte Marie von Ebner-Eschenbach? „Der Zufall ist die in Schleier gehüllte Notwendigkeit.“ Den Satz hatte ihr die Großmutter ins Poesiealbum geschrieben. Nicht nur weil sie die alte Frau geliebt hat, begleitete der Aphorismus sie durch ihr Leben, das – wie wohl jedes Leben – nicht gerade arm an sinnvollen Zufällen war. Und bezeichnet Martin Walser in einem seiner Romane den Zufall nicht als ein noch nicht entdecktes Naturgesetz?

„Der Zufall ist die in Schleier gehüllte Notwendigkeit.“ Nach dem unerwarteten Tod ihres Mannes war sie jahrelang depressiv und nicht zu trösten gewesen, fühlte sich verlassen und schuldig. Diese Not war gewendet worden.

Während des langen Berufslebens hatten sie beide viel gearbeitet. Wenn es mit der gemeinsamen Freizeit mal wieder eng wurde, trösteten sie sich: Im Ruhestand werden wir alles Versäumte nachholen. Mit 65 Jahren würden sie noch jung genug sein, um zu reisen und es sich gut gehen zu lassen. Aus Übermut tat sie sogar etwas, was sie sich bis heute nicht verzeiht. Obwohl sie ihren Mann über alles liebte, hatte sie weitergearbeitet, als er pensioniert wurde. Nur noch das eine Jahr, hatte sie gesagt. Aber genau in diesem Jahr war er gestorben. Als sie eines Abends nach Hause kam, saß er tot im Sessel.

Sie hat im Leben zu wenig Zeit für ihn gehabt. Und sie war in seiner Todesstunde nicht bei ihm. Er war gegangen, ohne dass sie sich voneinander verabschieden konnten.

Ihre Reue, nicht gleichzeitig mit ihm ihre Rente beantragt zu haben, kam zu spät. Und als sie auch nach einem Jahr noch trauerte, rieten ihr Freundinnen, ja sogar der Hausarzt dazu, eine Psychotherapie zu machen, um die Schuldgefühle zu verarbeiten, die sie offensichtlich hinderten, aus dem schwarzen Loch des Trauerns, der Depression, herauszufinden. Sie hat das abgelehnt und mochte auch nicht an einem Trauerseminar teilnehmen.

Natürlich war sie inzwischen längst im Ruhestand. Unerträglich leer dehnten sich die Tage, Wochen und Monate ohne ihn, ohne die Ablenkung durch die Arbeit und ohne Hoffnung, dass der Verlustschmerz je aufhören würde.

Bei einem Konzert in der Kirche, in das sie eigentlich gar nicht hatte gehen wollen, war sie in der Pause mit einer Dame ins Gespräch gekommen, die sie nicht kannte. Nach dem Konzert hatten sie sogar noch bei einem Glas Wein zusammengesessen. Und als sie von ihrer Einsamkeit und der nie heilenden Wunde sprach, hatte die andere ihr von den erstaunlichen Erkenntnissen von Sterbeforscherinnen erzählt.

Wenig später erhielt sie, wie die Dame zugesagt hatte, per Post ein Buch zum Thema. Angewärmt durch das Gespräch, hatte sie mit Interesse darin gelesen. In einem Kapitel berichtet die Autorin davon, dass ein lieber Mensch ihr versprochen hatte, ihr nach seinem Tod ein Zeichen zu geben. Als sie an einem windstillen Tag kurz nach der Beerdigung das Grab des Verstorbenen besucht, bläst überraschend eine Windbö zwischen Kränze und Blumensträuße – streut Blütenblätter von roten Rosen ringsum in den Schnee. Die Autorin des Buches sah darin das verabredete Zeichen.

Misstrauisch gegenüber Buchwahrheiten, hatte sie das zunächst als ein allzu schönes Märchen abgetan. Doch sicherlich hat genau dieser Bericht sie dafür geöffnet, den Auerhahn, dieses scheue Wildtier, als Gruß ihres verstorbenen Mannes wahrzunehmen. Nun ist er ihr wieder nah. Ihr schlechtes Gewissen hatte sie voneinander getrennt. Unter ihren Selbstvorwürfen hatte sie seine bedingungslose Liebe begraben.

Nun kann er ihr zurufen: „Mach doch all die Reisen, von denen wir geträumt haben.“ Und sie weiß, dass er mitkommen wird, erinnert sich an sein Lachen und die Arie „Dein ist mein ganzes Herz“. „Wo du nicht bist, kann ich nicht sein …“, trällerte er manchmal. Kurz vor seinem Tod hatte er sie zum Hochzeitstag mit Operettenkarten und einer Hotelübernachtung überrascht. „Das Land des Lächelns“ stand auf dem Programm und sie verlebten ein unbeschwertes Flitter-Wochenende in der Stadt.

Lange war die Musik in ihrem Haus und in ihrem Herzen verstummt. Erst jetzt kann sie die CD der Lehár-Operette wieder abspielen. „Wohin ich immer gehe, ich fühle deine Nähe“, singt sie leise mit.

Wie er sich wohl darüber amüsiert, dass sie für den nächsten Sommer eine Flussfahrt auf der Wolga plant. Die stand ganz oben auf seiner Wunschliste. Und im Herbst nehme ich dich mit zum Wandern in den Harz, neckt sie ihn. Wandern war nie sein Ding. Aber sie weiß, er wird bei ihr sein. Ab jetzt sind sie wieder erreichbar füreinander.

Sonnenkinder

Bei ihrem Umzug ins Seniorenstift hatte Karin Möbel und viele ihrer Bücher aussortieren müssen. Sie war froh gewesen, das langsam und mit Bedacht tun zu dürfen, Abschied nehmen zu können von Dingen, die ihr über die Jahre lieb geworden waren und voller Erinnerungen steckten. Sie erinnert sich noch deutlich an die oft schwierigen Entscheidungen, obwohl der Umzug nun schon recht lange zurückliegt.

An diesem Nachmittag ist sie dankbar, sich nicht von ihrem Poesiealbum getrennt zu haben. Ausschlaggebend dafür waren die zeitlosen Gedichte gewesen, die ihre Großmütter, ja selbst die Großväter und die Eltern, jede und jeder in der ganz eigenen Handschrift, hineingeschrieben hatten.

Nachdem in vertrauter Runde mit Edith, Franziska und Wilhelm das Gespräch auf solche Alben gekommen ist, hat sie es rasch aus ihrem Zimmer geholt und auf den Tisch gelegt.

„Rosen, Tulpen, Nelken, diese Blumen welken. Nur die eine nicht, ihr Name ist Vergissmeinnicht. Zur Erinnerung an Deine Freundin Inge“, liest Wilhelm in spöttischem Ton vor. Er hat das Büchlein aufs Geratewohl aufgeschlagen und hält es so, dass nun alle die etwas bemühte Schönschrift sehen können. Auf die linke Seite wurde vor langer Zeit ein Glanzbildchen geklebt. Es zeigt wunderschöne Vergissmeinnicht, die über die Jahrzehnte nichts von ihrem einzigartigen Blau eingebüßt haben.

Karin schluckt. Inge ist ihr viele Schuljahre lang eine verlässliche Freundin gewesen. Sie denkt gern an sie, an gemeinsame Erlebnisse. Nein, sie hat sie tatsächlich nicht vergessen, obwohl sie sich irgendwann aus den Augen verloren haben.

Mit den Worten: „Jungs fanden schon damals, Poesiealben seien Mädchenalbernheiten“ nimmt Edith Wilhelm das Buch aus der Hand.

„Ich habe ja nichts gegen Vergissmeinnicht“, verteidigt er sich lachend. „Ein Onkel von mir hatte in seiner Gärtnerei ein großes Beet damit. Die Blüten schienen den Himmel zu spiegeln. Einmal habe ich sogar versucht, das in einem getuschten Bild einzufangen", erinnert er sich. „Meine erste große Liebe war nämlich ein Mädchen mit grad solch blauen Augen." Über sein Gesicht huscht ein wehmütiges Lächeln, als er hinzufügt: „Es ihr zu schenken, fehlte mir allerdings der Mut."

Eine Weile hängen alle ihren Gedanken nach. Edith hat sich ins Lesen der Gedichte und Sprüche im Poesiealbum vertieft.

Dann kommt die Sprache auf Gemeinsamkeiten und Unterschiede beim Aufwachsen von Jungen und Mädchen. Und schließlich erzählt Karin von wunderbaren Sommernachmittagen, an denen sie mit ihrer Freundin Inge und zwei anderen Mitschülerinnen an einen See zum Schwimmen gefahren ist. Während Ute und Sonja, genau wie sie selber, aus Gänseblümchen Kränze für ihre zumeist noch nassen Haare zusammengefügt hatten, fand Inge Viererkleeblätter. „Sie hatte ein Auge dafür", sagt Karin. „Einmal fand sie sogar ein fünfblättriges Kleeblatt." In Gedanken zurückgekehrt in die Atmosphäre jener Nachmittage, erklärt Karin: „Mit den Kränzen im Haar fühlten wir uns wie kleine Meerjungfrauen – oder wie Prinzessinnen. Inge bekam natürlich auch einen solchen Kranz von uns, es gab ja Gänseblümchen genug. Dafür schenkte sie uns Glückskleeblätter." Leise fügt sie hinzu: „Wie klar mir das alles vor Augen steht. Wenn ich in den inneren Film eintauche, umgibt mich die Wärme und die wohltuende Gemeinschaft solcher Sommernachmittage."

„Mein Großvater nannte Gänseblümchen ‚Margritli'", berichtet Franziska. „Er stammte aus der Schweiz." Auch sie kann sich an Blumenkränze im Haar erinnern und an gepresste Viererkleeblätter, die Glück versprachen.

„Klee bekamen bei uns die Kaninchen", wirft Wilhelm ein. „Und Gänseblümchen brachte meine praktische Mutter, ebenso wie gekochte Brennnesseln und Löwenzahnsalat, auf den Mittagstisch."

Edith, die hinten im Poesiealbum noch freie Seiten entdeckt hat, fragt, ob sie etwas hineinschreiben dürfe.

„Nur zu“, antwortet Karin, ganz begeistert von der Idee.

Ohne zu zögern, holt Edith ihren Füllfederhalter aus dem kleinen Etui in der Handtasche und schreibt:

Sei ein Sonnenkind
Dein ganzes Leben.
Wer Sonne hat,
kann Sonne geben.

„Wenn du mir das Album mitgibst, male ich dir eine Sonnenblume dazu“, bietet sie an.

„Und wenn du, liebe Edith, mir bei Gelegenheit deine Buntstifte ausleihst, male ich Vergissmeinnicht auf die nächste Seite, mitsamt einem passenden Gedicht“, verspricht Wilhelm. „Sozusagen als Wiedergutmachung für meinen Spott.“

Karin ist gespannt, was Wilhelm ihr neben sein Vergissmeinnicht-Gemälde schreiben wird. Wahrscheinlich etwas Hintergründiges von Wilhelm Busch oder Erich Kästner. Doch erst mal nimmt Edith das Poesiealbum mit, um die Sonnenblume zu malen. „Vielleicht auch eine Sonne am Himmel darüber“, regt Franziska an, „so eine, wie Kinder sie malen.“

Oder so eine, wie alterslose Sonnenkinder sie malen, denkt Karin und spürt sie auch jetzt wieder: die Wärme einer wohltuenden Gemeinschaft.

Die alte Ärztin

An einem grauen Tag Ende Oktober hat Sandra ihre alte Freundin Ida aus dem Pflegeheim abgeholt, um mit ihr im weitläufigen Gelände des Heims spazieren zu gehen. Vertraut untergehakt, rascheln sie mit den Füßen durch braunes, gelbes und rotbuntes Laub.

Ida macht der Ausflug sichtlich Freude. Seit ihre Demenzerkrankung sie hierher gebracht hat, scheint eine Last von ihr abgefallen zu sein. Hier darf sie so sein, wie sie ist: Mit siebenundachtzig Jahren körperlich noch recht gesund, seelisch so warmherzig wie eh und je – und falsch machen kann sie hier nichts mehr. Die übergroße Verantwortung, die ihr das Schicksal lebenslang aufgebürdet hatte, durfte sie abgeben, sogar die Verantwortung für sich selber. Sie darf vergessen, was sie sagen und tun wollte, kann für die Außenwelt Unsinniges tun oder sagen, es ist in Ordnung, es zieht nichts Furchtbares nach sich.

Sandra ist aus Süddeutschland weit in den Norden gereist, um die Freundin wiederzusehen, die Ärztin, der sie ihr Leben verdankt. Jedenfalls empfindet sie das so. Ida Johannes hatte an sie geglaubt, ihren Lebensmut gestärkt, als andere Ärzte der Kinderkrebsstation sie schon aufgegeben hatten und sie mit ihren zwölf Jahren ihre Eltern trösten musste, die den Tod ihrer einzigen Tochter fürchteten. Da war Frau Dr. Johannes für sie dagewesen, gefühlt Tag und Nacht, hatte ihre Tränen getrocknet, wenn alles so weh tat, Untersuchungen und Behandlungen schmerzhaft waren, wenn sie Angst hatte.

In einer Nacht sprachen sie über den Tod. Zum Schluss hatte die Ärztin gesagt: „Aber du stirbst noch nicht. Das Leben hat noch so viel vor mit dir. – Du musst leben wollen“, hatte sie gesagt, „auch wenn etwas in dir denkt, es wäre bequemer zu sterben. Dein Leben wird schön und wichtig sein, Gott hat es dir geschenkt. Vergiss nicht: Du liegst in seiner Hand, krank oder gesund. Und nach dem Tod bleibt das so. Deshalb brauchst du dich vor gar nichts zu fürchten. Aber du willst dich doch noch verlieben, vielleicht Kinder haben, einen schönen Beruf …“

Das waren sicherlich nicht genau ihre Worte gewesen, aber es war, als hätte sie an Idas Hand damals das dunkelste Tal ihres Lebens durchwandert. Tapfer hatten sie gemeinsam die Krebserkrankung überwunden, das verbindet sie. Nach dem Klinikaufenthalt vor so vielen Jahren und mehreren Nachuntersuchungen waren sie trotz des großen Altersunterschieds Freundinnen geworden, oder besser: geblieben.

„Was du gibst, kehrt zu dir zurück", war Idas Devise, eine Ermutigung, großzügig zu sein, im Kleinen wie im Großen, großzügig auch mit der eigenen Zeit. An sich hatte Ida dabei gewiss nicht gedacht. Sie war niemand, der aufrechnete. Aber sie beide hatten es oft erlebt: Was sie auf der einen Seite gaben, kehrte zu anderer Zeit in unerwarteter Form zu ihnen zurück.

All das und vieles, was sie in der Vergangenheit miteinander gesprochen und erlebt haben, kreist in Sandras Kopf, während sie schweigend durch den großen Park gehen.

„Blätter sind die Kinder der Bäume", sagt Ida und bleibt stehen, damit auch Sandra es sehen kann. „Schau nur, sie zittern. Sie haben Angst vor dem Sterben.“ Tatsächlich, die Blätter zittern im Wind, sie sitzen noch zu fest am Zweig, um herabzufallen.

Sandra legt ihren Arm um Ida. Ihre Augen werden heiß, weil sie ahnt, mit wie viel Angst vor dem Tod die Freundin als Kinderärztin auf einer Krebsstation umgehen musste. „Vielleicht hat der Baum Angst, sie loszulassen“, antwortet sie leise. Darüber haben sie früher gesprochen, dass Kinder, deren Krankheit zum Tod führt, im Gegensatz zu ihren Eltern oft auf eine natürliche Art Zutrauen zum Übergang ins Nichtmehrhiersein haben. Sie malen sich als Engel, gehen auf unbefangene Art gläubig damit um. Manchmal stirbt ein unheilbar krankes Kind, während die Mutter, die Tag und Nacht am Bett wacht, nur kurz einschläft oder zum Duschen geht. Das Leid der Eltern belastet die kleinen Seelen oft mehr als der eigene Tod, der auch als Erlösung empfunden werden kann.

Bei solchen Gesprächen mit Ida hatte Sandra, als sie erwachsen und längst genesen war, manchmal den jungen Hanno Buddenbrook vor sich gesehen, den Thomas

Mann in seinem Roman todkrank und hoch fiebernd eine lange Allee aus dem Leben hinaus gehen lässt. Dieser Hanno wendet sich noch einmal um, und entschließt sich gewissermaßen, nicht zurückzukehren in ein fremdbestimmtes Leben, er nimmt Zuflucht „auf dem Weg, der sich ihm zum Entrinnen eröffnet hat". Die Stelle hat sie sich im Buch unterstrichen und auswendig gelernt. Der Tod als Chance, einem ungeliebten Lebensentwurf zu entkommen.

„Schau nur, wie sie tanzen!" Mit ausgebreiteten Armen läuft Ida über die Wiese, als wollte sie mit den Blättern, die der Wind aufwärts trägt, zum Himmel fliegen.

Während des Rundgangs hat die alte Ärztin noch viele Ideen, sagt noch viele wunderbare Ida-Sätze, von denen Sandra später, allein in ihrem Auto sitzend, einige im Tagebuch notieren wird, traurig, ja, aber doch beruhigt, weil sie weiß, wie gut und liebevoll ihre Freundin in dem Haus für Demenzkranke aufgehoben ist. Zur Laienspielgruppe gehört sie. Sie singt mit ihrer schönen Altstimme, wann immer auf der Station gesungen wird, und geht ihren ureigenen Weg in die Befreiung von äußeren Zwängen.

Ida wirkt wie jemand, der schon jetzt im Reinen mit sich ist, aber wer weiß das schon. Als sie die Freundin vorhin abholte, hatte der Altenpfleger ihr in Idas Zimmer die Pinntafel gezeigt, auf der viele der Kunstpostkarten einen Platz gefunden haben, die sie Ida im Laufe der Zeit geschickt hat. Kinder, gemalt von Künstlern aller Jahrhunderte. Kinder waren Idas Leben gewesen; nun wurde sie selbst zum Kind, mehr als sie es in ihrer schweren Kindheit hatte sein dürfen.

An diesem Nachmittag möchte Ida weitergehen, immer weitergehen, nur noch nicht zurück ins Haus. Mal nimmt sie Sandras Hand, mal hakt sie sich unter, dann hat Sandra das Gefühl, Ida wisse genau, wer sie ist und was sie verbindet. Auf jeden Fall scheint in ihnen beiden an diesem trüben Herbsttag eine warme, helle Sonne.

Und dann macht ihnen der Himmel ein unerwartetes Geschenk. Schon von weither künden charakteristische Rufe ziehende Kraniche an. Ida und Sandra bleiben stehen, schauen hinauf. Die Luft ist erfüllt vom Tönen der in großer Höhe in unregelmäßiger Kette fliegenden Vögel. Sie kommen aus dem Norden, sind unterwegs nach Süden, fliegen dort oben über die Freundinnen hinweg, über den Park, über Stadt und Land, scheinbar schwerelos gen Süden. „Nehmt mich mit!“, flüstert Ida, die ihre Arme wieder zum Himmel geöffnet hat. Lange steht sie einfach so da, bis die Rufe leiser werden und der Vogelzug in der Ferne des grauen Himmels verschwunden ist.

Geheime Botschaften

Auf ihrer Bettdecke liegt, zum Greifen nah, ein Birkenblatt. Wie schön es ist! Goldgelb, nicht groß, aber eindrucksvoll symmetrisch mit ebenmäßig gezähntem Rand. Ein richtiges Wunder. Vorsichtig nimmt sie das unerwartete Geschenk in die Hand; es wird aus dem Buch gefallen sein, in dem sie geblättert hat, bevor sie müde wurde.

Ihr Blick wandert zum Fenster. Draußen lässt der Wind buntes Laub trudeln und tanzen. Lange schaut sie einfach zu, träumt sich hinaus in den herbstlichen Park des Seniorenheims. Aus der Zeit, als sie das Bett noch verlassen konnte, weiß sie, dass dort einige Birken stehen, auch Buchen, Eichen und ein sehr alter Ahornbaum.

Seit sie denken kann, hat sie im Herbst Blätter gesammelt und in Bücher gelegt, größere sogar in ihren Schulatlas. Sie wundert sich, dass nicht viel mehr Menschen die geradezu künstlerische Gestaltung von Blättern bewundern. Das rote Ahornblatt auf der kanadischen Flagge zeigt doch auch nur eine grobe Vereinfachung des faszinierend geformten Originals. Immerhin sprechen Blatt-Symbole in Wappen und Flaggen für die Wertschätzung von Bäumen.

Zur Form von Eichenblättern fällt ihr eine unsäglich dumme Sage aus dem Schullesebuch ein. Um eine Wette nicht zu verlieren, hatte der Teufel versucht, die Blätter einer Eiche von den Zweigen zu reißen. Es war ihm nicht gelungen, aber seine Krallenhände sollen bei der Aktion Spuren an den Blatträndern hinterlassen haben. Wer denkt sich so etwas aus?

Mit einem inneren Lachen erinnert sie sich an ihre einzige Begegnung mit einem Teufel. Es war in einem Theater, das sich Zimmer-Theater nannte, weil es so klein war. Als Zuschauerin saß sie nah der Bühne, auf der ein Teufel – ganz ohne Hörner und Schwefelgeruch – einen Mann und zwei Frauen in einen fensterlosen, grauen Raum führte, wo sie sich in Dialogen und Monologen gegenseitig das Jenseits zur Hölle machten.

Sie hatte von dem Abend mitgenommen: Die Hölle sind die anderen. Das Teuflische ist das, was zerstört, was auseinanderbringt.

Erinnerungen an Menschen, die sie enttäuscht haben, steigen in ihr auf, an schwierige Beziehungen und dunkle Zeiten in ihrem Leben. Daran mag sie nicht denken. Schon so lange hat sie allen alles vergeben, auch um Seelenfrieden zu finden. Immer hat ihr die Natur geholfen, Verzweiflung und Trauer zu überwinden.

Ihr sind Bäume verlässliche Freunde. Sie findet es naheliegend, sie als heilig zu erleben. Sind nicht die Säulen der griechischen Tempel den gewaltigen Stämmen von Eichen nachempfunden? Beim Anblick der Säulen in christlichen Kirchen hat sie daran denken müssen, hat sich Gottesdienste im Schutz ehrfurchtgebietender alter Bäume vorgestellt.

Sie schließt die Augen, um sich in die Geborgenheit unter „ihrer“ Linde zu träumen. Der mächtige Baum stand auf der Wiese vor dem Haus, in dem sie aufgewachsen ist, und steht wahrscheinlich noch immer dort. Zu dieser Linde gab es freundliche Geschichten. Dreihundert Jahre alt sollte sie sein, gepflanzt bei einem Friedensschluss als Friedenslinde. Gut vorstellen kann sie sich, dass einst darunter getanzt wurde, damals, als ihr Geburtsort noch ein Dorf war.

Zu jeder Jahreszeit hatte sie unter der Linde gespielt, im Frühsommer den wunderbaren Duft der Blüten geatmet. Und schon als Kind hat es sie beeindruckt, wie sehr die Herzform der Blätter der Form des Baumes gleicht. Über die Symmetrie von Bäumen und Blättern hat sie damals noch nicht nachgedacht. Das kam später. Wahrscheinlich ist Symmetrie – ganz offensichtlich ein Bauprinzip der Natur – etwas so Selbstverständliches, dass sie niemandem auffällt.

Als sie noch aktiv am Leben teilnehmen konnte, wollte sie ihre Gedanken über Symmetrie in der Natur aufschreiben. Schade, sie hat sich nie die Zeit dafür genommen. Auf Spaziergängen hat sie immer wieder darüber nachgedacht, hat ihre rechte und ihre linke Hand betrachtet und sich die vielen Beispiele für dieses Prinzip vor Augen geführt. Wenn es ihr gelungen wäre, all die Gedanken, die ihren Kopf beim Wandern durch den Wald durchströmten, in einen sinnvollen Zusammenhang zu bringen, wäre vielleicht ein Buch daraus geworden. Ein Buch mit Bildern von Blättern, Bäumen und Menschen, von Tieren, die so augenfällig symmetrisch sind wie Schmetterlinge und andere Insekten, wie Vögel, wie die meisten Fischarten und die Säugetiere.

Nun ist sie zu alt. Sie weiß kaum noch, wann sie zuletzt etwas geschrieben hat. Keiner ihrer Vorfahren wurde so alt wie sie. Nach einem derartig langen Leben ist es für sie nicht erstaunlich, wenn der Körper verbraucht ist und ihr jede Bewegung schwerfällt. Allein das Denken geht noch gut, das kann sie noch, und dafür ist sie dankbar. Auch Augen und Ohren funktionieren recht zufriedenstellend. Am wichtigsten aber: Sie kann sich noch freuen, und sie kann noch staunen.

Wartet sie auf den Tod? Wartet sie auf eine Reise ins Licht? Auf eine Reise ins Ungewisse? Nein, sie fürchtet sich nicht vor dem Tod, aber sie wartet nicht darauf. Alle Familienmitglieder, Freunde und Bekannten sind ihr vorausgegangen. Und sie genießt die geschenkte Lebenszeit, wird freundlich versorgt, muss nichts mehr tun, muss sich keine Sorgen mehr machen.

Früher hat sie viel gelesen. Auch jetzt liegt ein Buch auf dem Nachttisch. Aber lieber betrachtet sie inzwischen all die inneren Bilder, die sie gespeichert hat. So träumt sie sich in den Wald ihrer Kindheit, zu den Buchenstämmen, die wie unendlich hohe Elefantenbeine in die Höhe ragen.

Überragt werden sie von Eschen, die ihre Wipfel über die Buchenkronen heben, um mit ihren Blättern das Sonnenlicht zu erreichen. Wohl deshalb nannte ihr Vater die Esche einen Sonntagsbaum. Ihr waren die Eschen lieb, und die Bäume belohnten die Zuneigung, warfen ihr ganze Büschel der gefiederten Blätter vor die Füße. Für sie waren es Grüße aus der südlich-frohen Welt der Palmen. Ja, wie Palmwedel waren ihr diese Blattbüschel erschienen.

Und natürlich trug sie die Zweige heim, bewunderte auch hier die besondere Form der Blätter. Fünf oder sechs lanzettförmige Blättchen treffen sich an der Mittelachse, die von einem weiteren Blatt verlängert wird. „Unpaarig gefiedert“ hieß das in ihrem Bestimmungsbuch. Aber diese Art der Zuordnung hat sie weniger interessiert. Ihr ging es um etwas anderes, um etwas, das schwer zu benennen war.

Von der Form des Eschenblattes fühlt sie sich tief berührt. Sie hat das Gefühl, der Baum erinnere damit an ein Geheimnis, an verschüttetes, verloren gegangenes Wissen. Gleichzeitig empfand sie beim Anblick von Blättern der Esche eine unbeschreibliche Geborgenheit, so als sei sie in das Mysterium schon eingeweiht. Und als wolle die Natur ihr in dieser Form versichern: Du bist auf der Erde zu Hause. Niemals hat sie mit jemandem über diese Gedanken gesprochen. Man hätte sie wohl für verrückt erklärt.

Der Vogelbeerbaum, die Eberesche, als kleine Schwester des riesigen Waldbaumes, ist ihr genauso lieb. Obwohl die beiden gar nicht miteinander verwandt sind, verbindet sie das Geheimnis der Blattform. Sich dem Unbeschreiblichen annähern: Sie hätte es gründlicher versuchen sollen, als sie im Vollbesitz ihrer Kräfte war.

Ihr fällt ein, dass Schwester Katharina sie vor einigen Tagen gefragt hat, ob die junge Frau vom Bundesfreiwilligendienst sich nicht mal für ein Stündchen zu ihr setzen solle. Weil sie doch niemals Besuch bekäme. Wenn sie zustimmen würde und die junge Frau käme, könnte sie ihren Glauben an eine noch unentdeckte Wirklichkeit weitergeben. Das fühlt sich gut an, denkt sie. Vielleicht hätte sie ihre Gedanken schon viel eher mit anderen teilen sollen.

Nun greift sie nach dem Buch auf dem Nachttisch, holt es sich auf die Bettdecke, nimmt ein gepresstes Eschenblatt heraus. Sie wird es der jungen Frau zeigen, und wenn es passt, wird sie es ihr schenken. Als Erinnerung daran, dass die Natur uns Menschen Zeichen gibt, denkt sie. Behutsam legt sie das Eschenblatt neben dem Birkenblatt vor sich hin.

Der Fiederwuchs des Blattes betont die Mittelachse, von der die Blätter zu beiden Seiten gleichmäßig abzweigen. Symmetrie setzt immer eine Mitte voraus. Von der Mitte des Menschen, von seiner Wirbelsäule ausgehend, verlaufen auch die Nerven des menschlichen Körpers.

Die goldene Mitte. Irgendwann begannen ihr Häuser, die symmetrisch gebaut waren, zu gefallen. Auch Kinder malen meist ein spitzgiebeliges Haus mit einer Tür in der Mitte zwischen zwei Fenstern. Vor Jahren hat sie sogar Drucke von Gemälden gesammelt, in denen Personen, ebenso wie die Kulissen um sie herum, symmetrisch aufgebaut sind. Neben einem oder zwei Menschen im Zentrum stehen rechts und links Gruppen mit gleich vielen Personen. Und die sie umgebende Architektur zeichnet klassisches Gleichmaß aus. Pietro Perugino fällt ihr ein. Seltsam, gerade dieser schwierige Name, wundert sie sich, weil doch ihr Namensgedächtnis sie so oft im Stich lässt.

Beim Nachsinnen über symmetrische Kunstwerke muss sie eingeschlafen sein. Aufwachend ist ihr, als käme sie von einem Ausflug aus dem Wald zurück, so lebhaft erinnert sie sich an den Traum. Wie früher haben ihr einzelne kleine und größere Blätter zugewinkt. Obwohl es windstill war, bewegten sie sich an Büschen im Unterholz. Sie winkten schüchtern, fast verstohlen, wie Kinder, wenn ihre heimliche Freundin vorübergeht.

Auch das wird sie der jungen Frau erzählen: Die Natur nimmt dich wahr. Es macht sie glücklich, weitergeben zu können, was ihr im Leben wichtig war, was sie immer wieder überrascht und getröstet hat – und sei es auch nur als eine ungewisse Ahnung.

Schneewittchens Brüder

Durchs Küchenfenster beobachtet er, wie seine Nichte im verschneiten Garten mit ihrer kleinen Tochter ein Haus aus Schnee baut, zwei farbenfrohe Schmetterlinge vor einer weißen Kulisse. Mit einem kaum hörbaren Seufzer füllt er die Trommel der Waschmaschine. Bunte Kinderkleidung, winzige Jeans, rote, gelbe, blaue T-Shirts. Stoffgewordene Heiterkeit. Nur zu gern hilft er ab und an der Tochter seines Bruders, die es als Alleinerziehende nicht leicht hat. Außerdem bringen Mutter und Tochter Leben in seinen Rentneralltag.

Als müsste er das Anlaufen der Maschine überwachen, setzt er sich an den Tisch, gießt den restlichen Frühstückstee in die Tasse, schaut auf die beiden da draußen, die, vertieft in ihr Tun, alles andere – auch sich selbst – völlig vergessen. Das erscheint ihm wie eine Gabe, weil er sich niemals so absolut, so ganz und gar an Situationen hingeben kann. Ohne sein Zutun schieben sich Beobachtungen, ja Betrachtungen, Reflexionen, dazwischen. Unerbittlich nimmt er sich und andere wahr, muss alles registrieren, über alles nachdenken. Das war schon immer so. Sein Bewusstsein verlässt den Beobachterposten nur, wenn er schläft.

Recht genau erinnert er sich an das große Bierlokal, in dem ihm das vor vielen Jahren zum ersten Mal auffällt. Sechzehn muss er damals gewesen sein. Mit seiner Klasse ist er am Abend in einer Theatervorstellung gewesen. Egmont? Oder Torquato Tasso? Das weiß er heute nicht mehr. Aber dass eine Gruppe von Mitschülerinnen und Mitschülern noch gemeinsam irgendwohin will. Du kommst doch mit? Natürlich geht er mit. Dazugehören.

Und dann in einem saalartigen Raum sitzen, an einem langen Tisch, ein Bier vor sich, einen Glaskrug mit Werbebild. Vielleicht beginnt es damit, dass er den Riss betrachtet, der quer über die Saaldecke verläuft. Das ist lange her und im Grunde unwichtig. Trotzdem sieht er die Szene deutlich vor seinem inneren Auge.

Nach dem Theater sind viele Menschen in einer besonderen Stimmung, die Fantasie möchte fortfahren in dramatischen Dialogen und großen Gesten. Doch die anderen am Tisch leben einfach so weiter, leben auf eine, wie es ihm schon damals scheint, ungebrochen triviale und gleichzeitig beneidenswert menschliche Art. Rolf lacht mit Erika. Hannelore und Jutta bauen ein Kartenhaus aus Bierdeckeln. Norbert wackelt am Tisch und Frank erzählt Witze. Die strahlend blonde Inge verdreht Hans-Jürgen den Kopf, Carlo trinkt bereits das dritte Bier – und quer über ihren Köpfen verläuft ein Riss in der Decke. Möglicherweise rührt er noch von den Erschütterungen des Zweiten Weltkrieges her. Live-Musik. Ein Blasorchester. Lautes Sprechen vieler Menschen.

Ich könnte darüber schreiben, denkt er an jenem Abend. Ist das nicht das Einzige, was einem übrig bleibt, der nicht wirklich dabei sein kann? Die anderen waren wie wirbelnde Wäsche in einer Waschmaschine. Erfasst, integriert. Und er davor. Ein Jemand, der den rotierenden Wäschestücken zuschaut, getrennt durch eine Glasscheibe, ein Bullauge. Getrennt durch einen Riss unter der Decke des Lokals, den außer ihm niemand wahrnahm, weil die anderen auf Augenhöhe bleiben, lachen, ihren Spaß haben, das Bier kalt genug finden, die Witze lustig, die Kartenhausbauerinnen geschickt und die blonde Inge unwiderstehlich.

Wie lange ist das her. Die Angst, Außenseiter zu sein, hat die Szene in sein Hirn gegraben. Er hat die Rotierenden beneidet. Hat dazugehören wollen. Der Begriff „Mainstream“ drang erst später in sein Bewusstsein. Und ebenso Fragen wie die, auf welcher Seite eines Bullauges, dem unzerstörbar robusten Schiffsfenster, das Leben intensiver sei: im Bauch des Kreuzfahrtschiffes oder im Meer, dessen Oberfläche der Luxusliner so anders zerschneidet als ein kleines archaisches Fischerboot.

Immer wieder hat sich ihm das Bild von der Waschmaschine aufgedrängt, vor der sitzend er als Zuschauer die herumwirbelnden Wäschestücke beneidete. Fast so, als sei es erstrebenswert, in einer künstlich angetriebenen Trommel um und um gedreht zu werden, herumgeschleudert und schließlich an die Wand gedrückt von der rasenden

Umdrehung, wie im Rotor auf dem Jahrmarkt, den sein Freund Rolf in jungen Jahren so schätzte. Menschen klebten durch Fliehkraft zur eigenen Belustigung an der Wand einer Riesenzentrifuge – während sich der Boden von ihren Fußsohlen weg nach unten bewegte. An die gekrümmte Wand gedrückt über einem Abgrund kreisen, in rasender Fahrt. Wirkte das Lachen nicht herausgeschleudert aus malträtierten Köpfen? Konnte er überhaupt die Gesichter der Strudelnden erkennen? Am Ende der Fahrt taumelten sie auf dem wieder angehobenen Boden umher wie Betrunkene. Ihm verursacht allein die Erinnerung an den weit zurückliegenden Anblick ein Schwindelgefühl, eine leichte Übelkeit.

Lieber träumt er sich zu den Fischen in die Unterwasserwelt seines Aquariums. Er mag die sanften, schwerelosen Bewegungen ihrer großen durchscheinenden Flossen. Wenn sie ihn anschauen, fragt er sich, was sie sehen. Fragt sich, wo sich das wirkliche Leben im Menschenzoo abspielt, auf welcher Seite der gläsernen Wand, die Beobachter und Angeschaute trennt. Seine Großnichte hat den Fischen sogar Namen gegeben: Schleierschlei, Goldmarie …

Neulich musste er ihr sagen, dass im Fernsehen kein wirkliches Leben ist. Die junge Katze in einem Film war verletzt. Konnte man ihr nicht helfen, wenn man sie aus dem Kasten in die Stube holte? Zur Rettung des Tieres hatten sie das Gerät abgeschaltet und sich ein eigenes Ende der Geschichte ausgedacht. Er schaut auf die Uhr, trinkt den Tee aus, um seine Nichte im Garten abzulösen. Sicherlich hat sie ihren Zahnarzttermin im Spiel vergessen.

Rasch gelingt es ihm, das kleine Mädchen von der Idee zu begeistern, aus der Eisschicht, die sich auf der Regentonne gebildet hat, ein rundes Fenster ins Schneehaus einzusetzen. Mit einem Abschiedswinken verabschiedet sich die Nichte. Vom Reiz der undurchsichtig-durchsichtigen Eisscheibe ist das Kind so fasziniert, dass es sich erst, als die Handschuhe klitschnass sind, zu einem Kakao in der Küche überreden lässt. Sie trampeln den Schnee von den Stiefeln, hängen die Jacken in Heizungsnähe auf und er setzt die Brille ab, die in der Wärme beschlägt. Während er dann am Herd beschäftigt ist, holt das Mädchen ein Märchenbuch mit altmodischen Bildern aus dem Bücherschrank. Die Geschichte von Schneewittchen soll er ihr vorlesen; zum wer-weiß-wievielten Mal.

Und wieder fragt er sich, wann Männer sich endlich so emanzipieren, dass auch sie sich mit dem vergifteten jungen Wesen im gläsernen Sarg identifizieren können, das erlöst werden muss, damit etwas Neues beginnen kann. Darüber will er nachher mit seiner Nichte sprechen, die liebt solche Fragen, hat Sinn für die Stiefsöhne des Lebens in ihren gläsernen Särgen.

Winternachmittag

Die alte Frau erzählt von ihrer Kindheit. „Wir hatten eine Wiese oben am Wald“, sagt sie. „Wenn wir dorthin zum Heuen gingen, trug meine Tante mich in einer Kiepe hinauf.“ Sie lacht glücklich bei der Erinnerung. „Das fühle ich noch ganz genau, dieses Getragen- und Geschaukeltwerden.“

Ihr Blick ist weich nach innen gerichtet. „Unser kleiner Hund, der Knips, ist immer mitgekommen. So eine Promenadenmischung, hellbraun, mit wuscheligem Fall. Ich dachte als Kind, er sei mein Hund. Vielleicht war er gar nicht mein Hund.“

Dann senkt sie geheimnisvoll die Stimme: „Er lief so gern frei herum. Das durfte er dort, am Berg im Wald, eigentlich nicht. Der Förster hatte es ausdrücklich verboten, weil es das Wild unruhig mache. Tatsächlich hat unser Knips manchmal Karnickel gejagt, aber er hat nie eins erwischt. Er war viel zu tollpatschig.“

Sie erzählt ihm die Geschichte nicht zum ersten Mal. Trotzdem bemerkt der Neffe, der sie mitunter für ein, zwei Stündchen besucht, auch jetzt wieder ihre innere Spannung, als sei der Hund noch immer in Gefahr.

„Und dann begegnete uns eines Tages der Förster“, fährt sie fort. „‚Wenn ich den Hund noch ein einziges Mal ohne Leine sehe‘, sagte er streng, ‚dann erschieße ich ihn auf der Stelle.‘ Das Gewehr trug er ja immer bei sich.“ Sie atmet tief durch, und da ist nun wieder ganz deutlich die Angst und Erleichterung des kleinen Mädchens in der Kiepe zu spüren, als lägen nicht neunzig Jahre dazwischen. Auf ihrem Gesicht erscheint ein verschmitztes Lächeln. „Knips ist natürlich weiterhin ohne Leine gelaufen, wir besaßen gar keine. Aber der Förster hat ihn nicht erwischt.“

Vor dem Fenster verblasst ein Winternachmittag. Das Stövchen, auf dem in der Glaskanne Tee dampft, wirft einen Ring von gelben Lichtornamenten auf die Tischdecke. Die Topfblumen auf dem Fensterbrett, die üppigen Alpenveilchen und Weihnachtssterne, werden zu Scherenschnitten vor dem klaren Winterhimmel. „Soll ich Licht machen?“, fragt sie und ihr Neffe antwortet: „Meinetwegen nicht." So sitzen sie in der Dämmerung.

Nach einer Weile möchte sie wissen, worüber sie gerade gesprochen haben. „Mein Gedächtnis ist so schlecht geworden", entschuldigt sie sich.

„Du hast von deinem kleinen Hund erzählt", erinnert er sie. „Wie ihr mit ihm zur Wiese im Wald gegangen seid."

„Ach ja, der Knips", sagt sie. „Und dann hat er einen so schrecklichen Tod gehabt. Ein großer, dicker Hund vom anderen Ende des Dorfes hat ihn totgebissen. Ich glaube, ich habe gesehen, wie er ihn am Nacken gepackt und geschüttelt hat. Es war furchtbar. Damals muss ich ungefähr fünf Jahre alt gewesen sein."

Sie erzählt von dem kleinen Dorf in der Nähe von Kassel, von ihrem Vater, der als Dachdecker vom Dach gestürzt war und danach krank lag bis zum Tod ein paar Jahre später. Eine fortschrittliche Berliner Zeitung hatte er abonniert. Ihr Stolz auf den Vater ist deutlich herauszuhören.

Schließlich holt doch das helle Licht der Stehlampe die alte Frau und ihren Neffen in die Gegenwart. „Stell dir vor“, sagt sie lebhaft, „neulich stand mein Sohn ganz überraschend vor der Tür, mitten in der Woche. Er wollte mit mir am See spazieren gehen, weil die Sonne so schön schien.“ Sie setzt sich aufrecht. „Zuerst war ich ein bisschen erschrocken, weil ich doch fast nie mehr aus dem Haus gehe.“ Verlegen gesteht sie: „Ich kann mir nicht einmal mehr die Schuhe zubinden. Aber dann hat mein Sohn sich, trotz seiner neunundsechzig Jahre, vor mich auf den Boden gekniet und meine Schnürsenkel zugebunden. Als er merkte, wie peinlich mir das war, sagte er: ‚Als ich klein war, hast du mir ja auch geholfen.‘ Das tat mir so gut, plötzlich war es ganz selbstverständlich.“

Später erzählt sie die Geschichte von ihrem Hund zum zweiten Mal und im Laufe des Abends noch einmal. Da ahnt der Neffe, dass sie sich mit dem Sterben vertraut macht. Zwar hat sie auch sonst schon gesagt: „Was soll ich denn noch hier? Ich würde so gern eines Morgens nicht wieder aufwachen. Das wäre ein schöner Tod.“ Aber sie hatte bisher nicht wirklich sich damit gemeint.

Drei Hähne – drei Kindheitserinnerungen

Von Herzen froh, ganz so wie vor der Corona-Krise gemeinsam mit den anderen zu Mittag essen zu können, betritt Peter den Speisesaal des Seniorenheims. Es duftet nach Hühnersuppe. Wie früher ist er auch an diesem Tag spät dran. Freundlich nach rechts und links grüßend, strebt er seinem Platz am Fenster zu.

„Na, warst du wieder in ein spannendes Buch vertieft?“, fragt seine Tischnachbarin Irene, nachdem er sich mit einer kurzen Entschuldigung gesetzt hat. Das ist genau der Ton, den Peter in den letzten Wochen, einsam an der Quarantäne leidend, vermisst hat.

„Tatsächlich“, antwortet er, während sie seinen Teller mit Suppe füllt. „Meine Tochter hat mir etwas sehr Lesenswertes geschickt. Es hat mich dazu angeregt, zu überlegen, wie weit unsere Erinnerungen zurückreichen, welche Kindheitserinnerungen wir wachrufen können, was uns aus unseren jungen Jahren noch deutlich vor Augen steht."

„Da bist du ins Träumen geraten", vermutet Gerhard amüsiert. „Und hast die Zeit vergessen."

Peter nickt nachdenklich, nimmt sich ein Stück Weißbrot aus dem Körbchen und beginnt zu essen. Eine Weile herrscht Stille am Tisch. Man könnte meinen, alle würden die leckere, heiße Suppe genießen, die reichlich Hühnerfleisch und neben frischem Gemüse sogar Eierstich enthält. Die Köchin gibt sich wirklich Mühe.

Erst beim Nachtisch, Birnenkompott mit Schokoladensoße, nimmt Wolfram, der vierte in der Runde, den Gesprächsfaden auf. „Durch deine Anregung, lieber Peter, sind meine Gedanken in die Vergangenheit gewandert. Dabei kam mir eine unangenehme Szene in den Sinn, von der ich erst nach der Suppe erzählen wollte, falls ihr überhaupt davon hören mögt." Als die anderen ihn erstaunt anschauen, präzisiert er: „Ich wollte euch nicht den Appetit verderben."

„Mach's nicht so spannend!", verlangt Gerhard und Wolfram beginnt ein wenig zögerlich: „Beim Essen der Hühnersuppe fiel mir eine Episode aus meiner Kindheit ein. Das muss im Sommer 1944 gewesen sein. Ich lebte mit meiner Mutter bei den Großeltern. In der Stadt ausgebombt, waren wir froh, auf ihrem kleinen Bauernhof Unterschlupf zu finden." Er atmet tief durch, bevor er fortfährt: „Wenige Tage nach unserer Ankunft schlachtete mein Großvater einen Hahn, der, nachdem er ihm auf dem Hackklotz den Kopf abgeschlagen hatte, noch ein Stück über die Wiese rannte. Ich war so erschrocken, es ekelte mich so sehr, dass ich später von dem Hahn im Topf nichts essen konnte."

„Gut, dass du im Laufe deines Lebens den Ekel überwinden konntest", kommentiert Gerhard, und Irene glaubt, ein wenig Spott herauszuhören. Bei Gerhard weiß man nie so genau, ob er etwas einfach nur freundlich oder nicht doch ironisch meint. Sie schiebt Wolfram ihr Schälchen mit Birne Helene über den Tisch. „Ist mir zu süß", sagt sie einfach. Im Gegensatz zu Wolfram macht sie sich nichts aus Süßspeisen. Außerdem ist ihr aufgefallen, wie wenig Suppe Wolfram gegessen hat.

„Grausame, schreckliche Bilder aus der Kriegs- und Nachkriegszeit haben sich vielen von uns unauslöschlich eingeprägt“, sagt Peter. „Aber es gibt auch Erinnerungen an angenehme Begebenheiten. Bei mir gehört ein Jugenderlebnis mit einem Hahn in letztere Kategorie.“ Während er weiterspricht, sieht Peter aus dem Fenster, als schaue er in eine ferne Vergangenheit. „Ihr wisst ja, dass ich mit meinen Eltern nach Kriegsende mit vielen aus den deutschen Ostgebieten Geflohenen und Vertriebenen in einem Barackenlager gelebt habe. Wir litten oft Hunger. Doch trotz der Mangelernährung war ich als Halbwüchsiger ein recht guter Sportler, hatte Spaß am Geräteturnen und auch an Wettkämpfen. Einmal gelang es mir, bei einem Um-die-Wette-Klettern anlässlich eines Schützenfestes in Rekordzeit einen Mast zu erklimmen. Damit gewann ich den als Preis ausgesetzten lebenden Hahn.“ Er lacht. „Auf den hatte ich es ja abgesehen. Als ich damit nach

Hause kam, sah mein Vater sich nicht in der Lage, den Hahn zu schlachten, sodass ich das übernehmen musste. Es war der einzige Weg, endlich einmal wieder etwas Gutes, Sättigendes in den Magen zu bekommen. Und als meine Mutter neben einer gehaltvollen Hühnersuppe noch ein Frikassee für uns gezaubert hatte, war ich einfach nur stolz und glücklich." Mit den Worten: „Zwei Festessen in einer Zeit, als für uns Hungern und Frieren zum Alltag gehörten", kehrt er in die Gegenwart zurück.

„Wer gehungert hat, weiß zu schätzen, was es bedeutet, sich Tag für Tag sattessen zu dürfen", beendet Gerhard das Gespräch ungewohnt ernst und steht auf. „Zeit für den Mittagsschlaf." Er greift nach seinem Rollator und auch Peter, Irene und Wolfram machen sich auf den Weg zu ihren Zimmern.

Als Irene die Vorhänge schließt, spürt sie, wie sehr sie die Tischgemeinschaft mit den drei Männern vermisst hat, die anregenden, oft auch ernsten Unterhaltungen, die nicht böse gemeinten Flachsereien. Sie haben sich gesucht und gefunden.

Im Bett liegend, genießt sie die angenehme Dämmerung, ist gar nicht so müde wie in den letzten Monaten. Die freundliche Nähe hat sie aufgemuntert, hat ihr gutgetan. Sie denkt darüber nach, wie sehr die Kindheit einen Menschen prägt. Wolfram erscheint ihr auch jetzt noch, weit jenseits des achtzigsten Lebensjahres, verletzlich und vorsichtig. Dagegen ist Peter ein Macher, jemand, der etwas auch dann in die Hand nimmt, wenn andere es sich nicht trauen, zu träge oder vielleicht auch nur zu müde sind. Oder sind solche Temperamente angeboren? Das hat sie sich schon öfter gefragt.

Aus Gesprächen weiß sie, dass Peter gleich nach dem Krieg, schon auf dem langen Weg nach Westen, bis an den Rand seiner Kräfte überfordert gewesen war. Niemand half ihm und seiner ebenso erschöpften Mutter. Hätten sie sich mit ihrer wenigen Habe in allzu schweren Rucksäcken nicht weitergeschleppt bis zum nächsten Ort, wo es ein bisschen Essen und eine verlauste Schlafstelle gab, wären sie am Straßenrand gestorben, so wie die, deren Kraft nicht ausgereicht hatte.

Irene hat schon öfter überlegt, ob Peters gesundheitliche Probleme nicht auch damit zu tun haben könnten, dass er sich nach dieser frühen Erfahrung ein Leben lang überfordert hat.

Fast schämt sie sich ihm gegenüber ihrer – trotz des Krieges – behüteten Kindheit. Als die Männer von ihren Erlebnissen erzählten, hatte sie daran denken müssen, dass ihr Großvater sie und ihre ältere Schwester stets fortschickte, wenn er einen der überzähligen Hähne für ein Festessen am Sonntag schlachtete – auf dem Hackklotz, auf dem die große Schwester mit dem Beil Holz spalten durfte, während sie mit der Großmutter für den Wintervorrat Kiefernstämme zersägte. Niemals hatte sie dieses gemeinsame Tun als Arbeit empfunden, sondern als Vertrauensbeweis, war voller Freude gewesen, nützlich zu sein und am Leben der Erwachsenen teilhaben zu können.

Sie sieht vor sich, wie die Großmutter den Hahn rupft und später sorgfältig die Innereien entfernt, damit die Galle nicht das Fleisch verdirbt. Ihre damals schon im Ruhestand lebenden Großeltern waren Überlebenskünstler gewesen. Nie musste sie als Kind hungern. Doch Hühnersuppe und Frikassee waren etwas besonders Gutes, was sie heute noch gern aß. Irene lächelt bei dem Gedanken, als Kind geschwisterliche Gefühle zu den Küken gehabt zu haben. Der Großvater hatte am Tag ihrer Geburt eine Henne, die im Februar schon gluckte, zum Brüten auf Eier gesetzt.

In ihrer Familie hat niemand fliehen müssen, war niemand vertrieben worden, sie durften bleiben, in dem kleinen alten Haus mit dem großen Garten. Ein Paradies mit Apfelbäumen, Kartoffelacker, Gemüsebeeten, mit Hühnern und Kaninchen. Nachbarn fütterten mit Küchenabfällen ein Schwein, von dem sie nach dem Schlachten einen Streifen Bauchspeck abgaben.

Sicherlich, der Krieg war furchtbar gewesen, aber sie hatte selbst diese unmenschliche Zeit gewissermaßen im Windschatten Erwachsener erleben dürfen, hatte sich nie körperlich überfordern müssen. „Du warst eine kleine Prinzessin", neckt Peter sie manchmal. Er behandelt mich fast so, als wäre er der große Bruder, den ich mir immer gewünscht habe, denkt Irene, bevor sie einschläft.

Um eine Zigarette zu rauchen, hat Gerhard sich nach dem Essen mit einer Wolldecke über den Beinen auf den Balkon seines Zimmers gesetzt. Rauchen ist für ihn ein selten gewordener Genuss geworden, den er im Gegensatz zu früher, als er in seinem aufreibenden Beruf Kette geraucht hat, zu schätzen weiß.

Auch seine Gedanken drehen sich um das Gespräch am Mittagstisch. Ihm ist dabei vieles durch den Kopf gegangen. An seine eigene Kinderzeit hat er nur schwache Erinnerungen, lieber denkt er daran, wie es war, als seine Enkelin ein Kind war. Mit neun Jahren wollte Nina ihn unbedingt zum Angeln begleiten, es lernen, selber Fische zu fangen. Und als ihre erste gemeinsam an Land gezogene Forelle vor ihr lag, hatte er gesagt: „Nun musst du sie auch töten."

Es hatte sie spürbar Überwindung gekostet, doch schließlich trennte sie den Kopf mit einem Schlag des scharfen Messers ab. Sie ging gern mit ihm zum Angeln. Und Forellen schmeckten ihr besonders, wenn er sie in seinem kleinen Räucherofen geräuchert hatte. Zwischen Fangen und Essen lag das Töten, es gehörte dazu und es gab keine Diskussion darüber, so logisch war es.

Ninas Sohn, sein Urenkel, isst nur Fischstäbchen, daran denkt er mit einem Kopfschütteln. Aber Bootfahren liebt er, genau wie seine Mutter. Deshalb hat er ihnen das Boot geschenkt, bevor er ins Seniorenheim übersiedelte.

In seinen Träumen ist er noch oft mit dem alten Kahn unterwegs. Und er hofft, eines Tages in einem solchen Traum auf die andere Seite des Horizonts zu fahren.

Schwalbensommer

An einem warmen Tag im Mai sind sie auf einmal wieder da, die Schwalben. Hoch oben am Himmel und auch recht nah über dem See sind ihre Flugkünste zu bewundern.

Eva und Georg sitzen, vom Wasser nur durch einen schmalen Streifen Gras und das Uferschilf getrennt, in den Wallanlagen auf einer Bank bei den Trauerweiden. Sie freuen sich über die Heimkehr der anmutigen Vögel.

„Es werden von Jahr zu Jahr weniger", sagt Georg bedauernd. „Ich habe gelesen, dass ihnen Nistmöglichkeiten fehlen."

Eva schaut den Schwalben zu, während ihre Gedanken in eine ferne und gleichzeitig seltsam nahe Vergangenheit wandern. „Meine Großmutter wusste: ‚Sie bringen Glück unter das Dach, unter dem sie nisten'", erinnert sie sich. „Ich sehe das Schwalbennest in der Waschküche des Hauses, in dem meine Großeltern wohnten, noch vor mir. In meiner Kindheit wurde dort schon längst keine Wäsche mehr gewaschen, es war einfach der Durchgangsraum zwischen Küche und Garten. Körbe für die Obsternte standen dort, an den Wänden lehnten Holzleitern und Gartengeräte. Und oben am Deckenbalken klebte mitten im Raum das Schwalbennest." Mit einem Lächeln fügt sie hinzu: „Auf dem Zementfußboden darunter lagen ausgebreitete Zeitungsseiten, die regelmäßig ausgewechselt werden mussten."

„Es werden Rauchschwalben gewesen sein", meint Georg. „Sie nisten gern in Gebäuden."

Noch ganz eingesponnen in die Atmosphäre des Großelternhauses, sagt Eva: „Wir liebten unsere Schwalben, die tagsüber durch die offene Tür, nah über unseren Köpfen, hinaus- oder hereinflogen, um ihre nach Futter rufenden Jungen zu füttern. Furchtlos schauten sie über den Rand des Nests, so nah und vertraut. In gewisser Weise gehörten sie zur Familie."

„Man kann sich mit Schwalben anfreunden, das ist auch meine Erfahrung", stimmt Georg ihr zu und beginnt von einem Urlaubserlebnis zu erzählen: „Ein Freund von mir hat ein Haus in Kroatien, in dem wir vor Jahren ein paar Sommerwochen verbrachten, damals, als meine Frau noch lebte."

Eva versteht, dass Georg seine Frau vermisst und gern von ihr erzählt. Inzwischen hat sie so etwas wie ein inneres Bild von seiner verstorbenen Frau.

„Wie du weißt, bin ich Frühaufsteher", fährt er fort. „Und weil Monika meist länger schlief, saß ich bei Sonnenaufgang allein auf der Dachterrasse über den Dächern der Altstadt. Auf dem Schoß hatte ich ein Buch zum Lesen und über mir den weiten Himmel. Und kaum hatte ich meinen Platz eingenommen, kamen Schwalben angeflogen." Er lacht. „Besser gesagt, sie kamen angesaust, jedes Mal eine kleine Gruppe, fünf oder sieben Tiere. Ich hatte das Gefühl, sie kämen, um nach mir zu schauen, um mich zu begrüßen. Mir kam es so vor, als jubelten sie vor Glück über den wunderbaren Sommer." Mit leichtem Kopfschütteln fügt er hinzu: „Ein Biologe würde sagen: Insektenfresser suchen die Nähe von Warmblütern, also auch von Menschen, weil es dort mehr Insekten gibt. Das ist mir zu nüchtern. Jedenfalls war der Himmel den ganzen Tag über voller Schwalben."

Durch ihr Schweigen ermutigt Eva ihn, mehr zu erzählen von diesem Sommer. „Monika sagte: ‚Die Schwalben winken uns zu, mit beiden Flügeln.' Sie liebte es, auf der Dachterrasse, mit dem Blick auf die Türme der Stadt, zu frühstücken. Dafür trug sie ein Tablett aus der Küche im Erdgeschoss drei schmale, steile Treppen hinauf." Mit geschlossenen Augen kehrt er zurück in den Urlaub, erzählt von dem weichen, wohlschmeckenden Wasser, das er vom nahe gelegenen Brunnen geholt hatte. Er führt Eva den alten Hafen vor Augen, mit den Fischerbooten und den für seinen Geschmack zu protzigen Segeljachten. Er nimmt sie mit zu der kleinen Badebucht, in der seine Frau sich sonnte, während er auf der nahen Bank im Schatten der nach Harz duftenden Kiefern ein Buch las.

Georg lächelt versonnen. „Um auf die Schwalben zurückzukommen", sagt er, „wenn wir beim Frühstück saßen, kam das Grüppchen wieder vorbeigesaust und uns schien es, als riefen sie sich zu: Das also ist seine Frau! Um ihr dann einen fröhlichen Gruß zuzuzwitschern."

Über dem Wasser des Sees fliegen die Schwalben währenddessen geschickte Manöver, quer durch die tanzenden Mücken.

„In meiner Kindheit auf dem Lande waren Schwalben so selbstverständlich wie Kühe, wie Hühner und Schweine. Sie nisteten in den Ställen", sagt Georg. „Und ihre Rückkehr zum Hof und ins Dorf war in jedem Jahr ein Grund zur Freude, so als brächten sie tatsächlich den Sommer mit aus ihren südlichen Winterquartieren."

Über die Autorin

Renate Schoof, geboren in Bremen, lebt als freie Schriftstellerin in Göttingen. Nach einer Ausbildung im Buchhandel arbeitete sie als Dokumentarin bei der Deutschen Presse-Agentur in Hamburg; anschließend studierte sie Pädagogik und Germanistik und war neun Jahre als Lehrerin tätig. Von ihr erschienen bisher dreißig Bücher, u. a. die Romane „Blauer Oktober“ und „Alle Wünsche werden erfüllt“, das Sachbuch „Geheimnisse des Christentums – Vom verborgenen Wissen alter Bilder“ sowie der Erzählungsband „In ganz naher Ferne“ und mehrere Gedichtbände.
Im Verlag Butzon & Bercker sind die Erlebten Geschichten „Kirschen zum Frühstück“ und das Weihnachtsbuch „Großmutters schönstes Weihnachtsgeschenk“ erschienen.

Weitere Informationen unter:
www.renateschoof.de